東京官能的

TOKYO SEXY CINEGRAPHIX

100 FILM POSTERS
FOR JAPANESE
SEXPLOITATION MOVIES
1967-1988

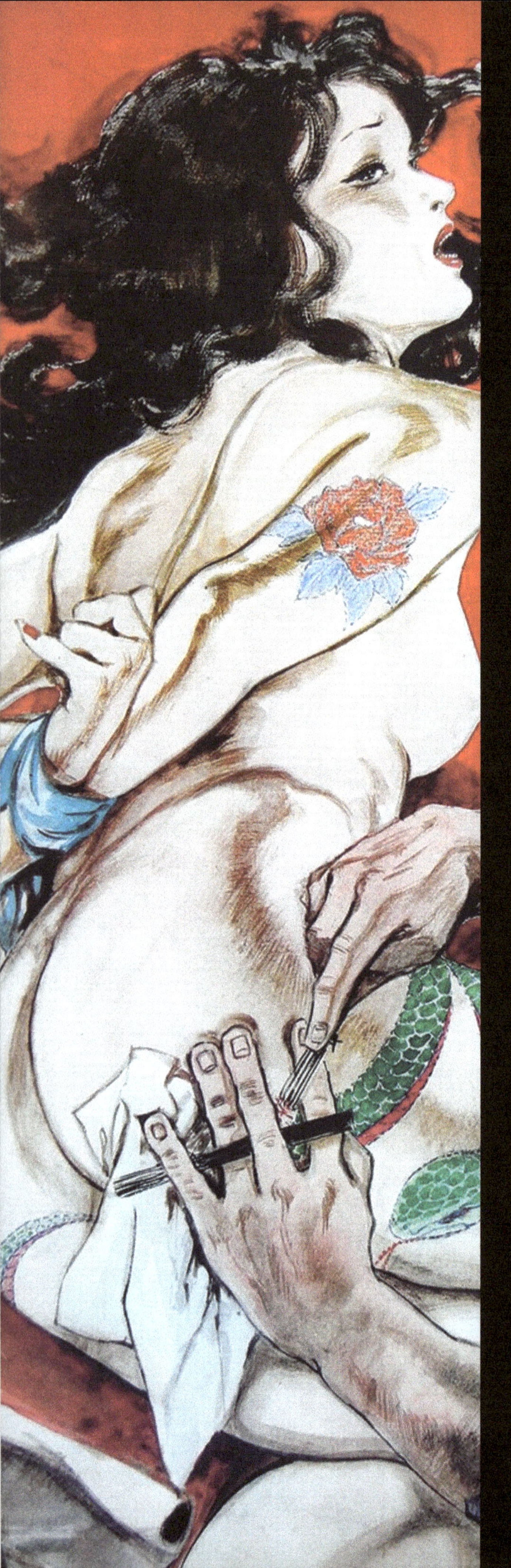

POSTERS

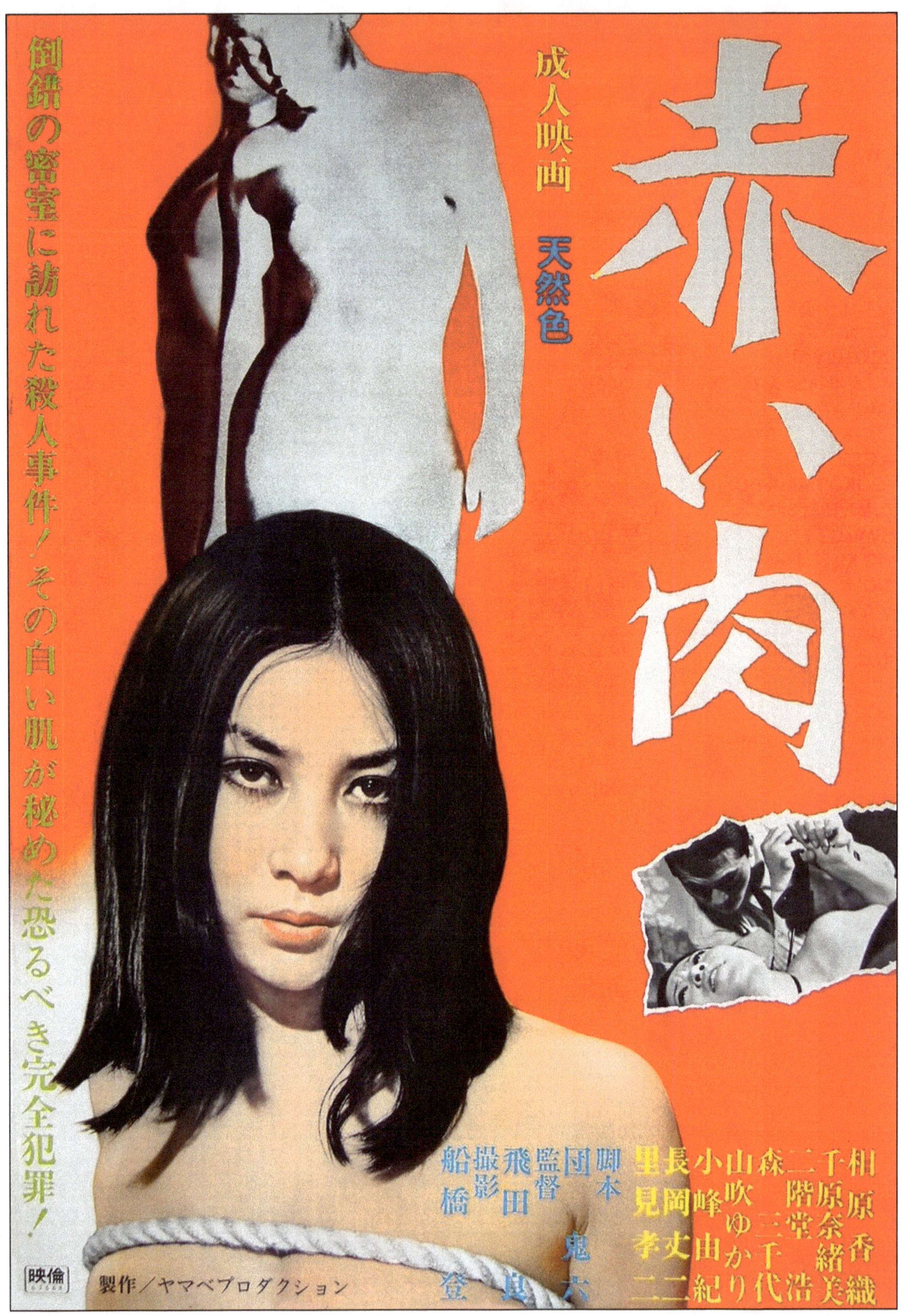

AKAI NIKU

(1967)

《成人映画》 大蔵映画提供
レオ・プロダクション作品
性のハレンチ
天然色オークラ・カラー
つかの間の欲望に歓喜する白い肉塊！奔放な若者たちの恐るべきハレンチ集団！
監督 レオ・ニシムラ
撮影・早坂雄二
ヤニ二子リ子矢コ
夕竜亮タユ公美チ
吹吹 花南谷
マリー・伊伊流立印鏡神
映倫
68724

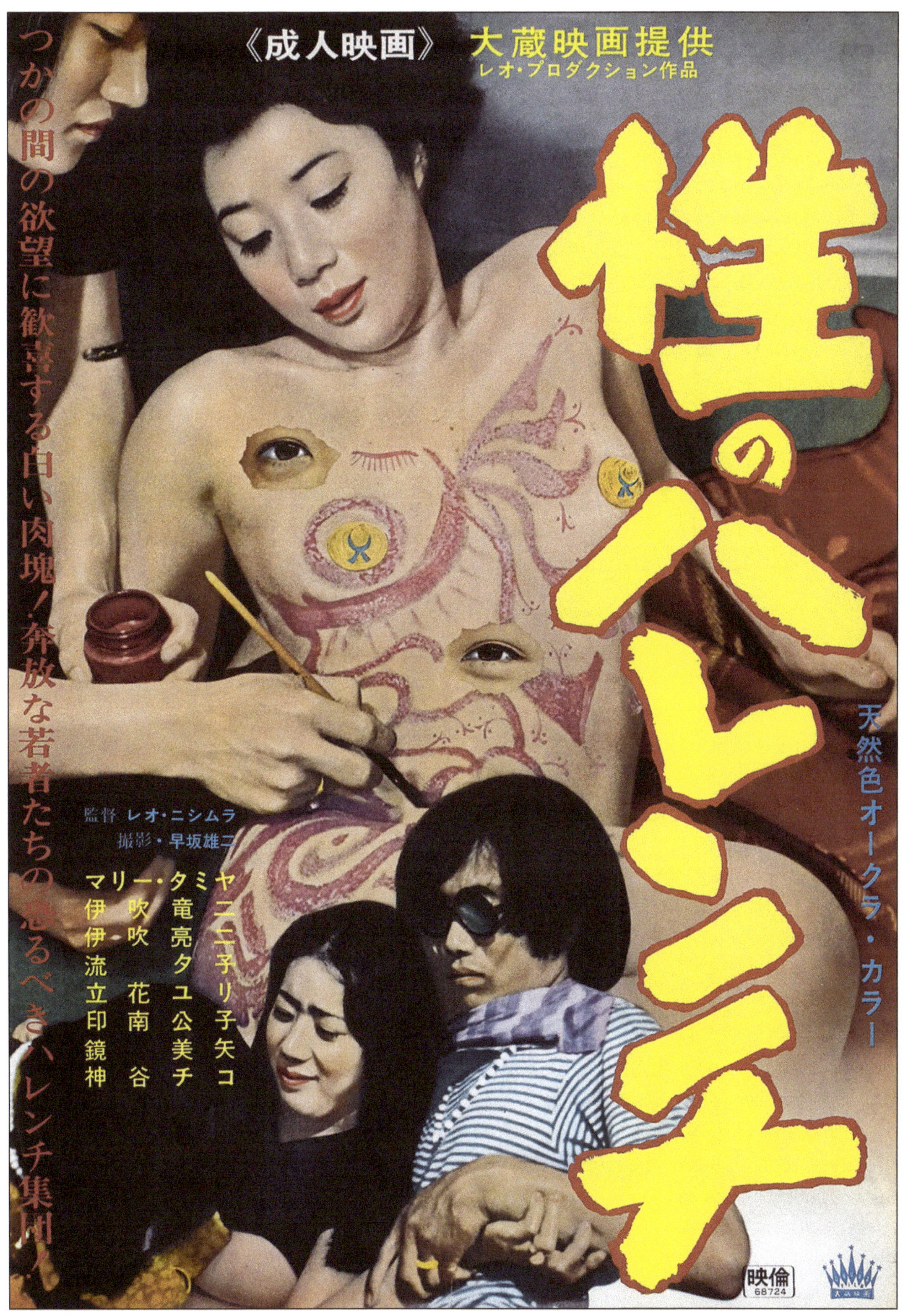

5

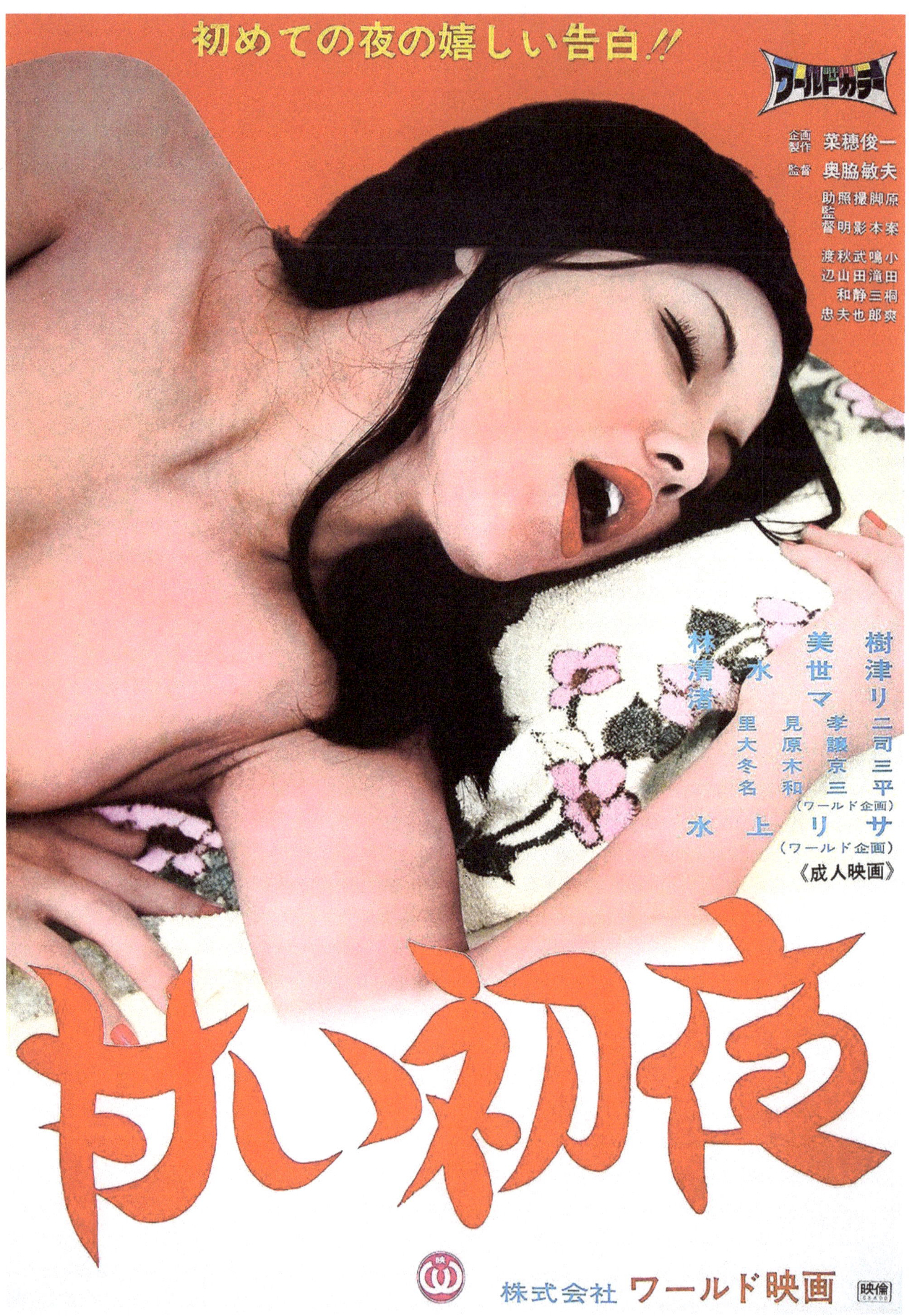

AMAI SHOYA

(1968)

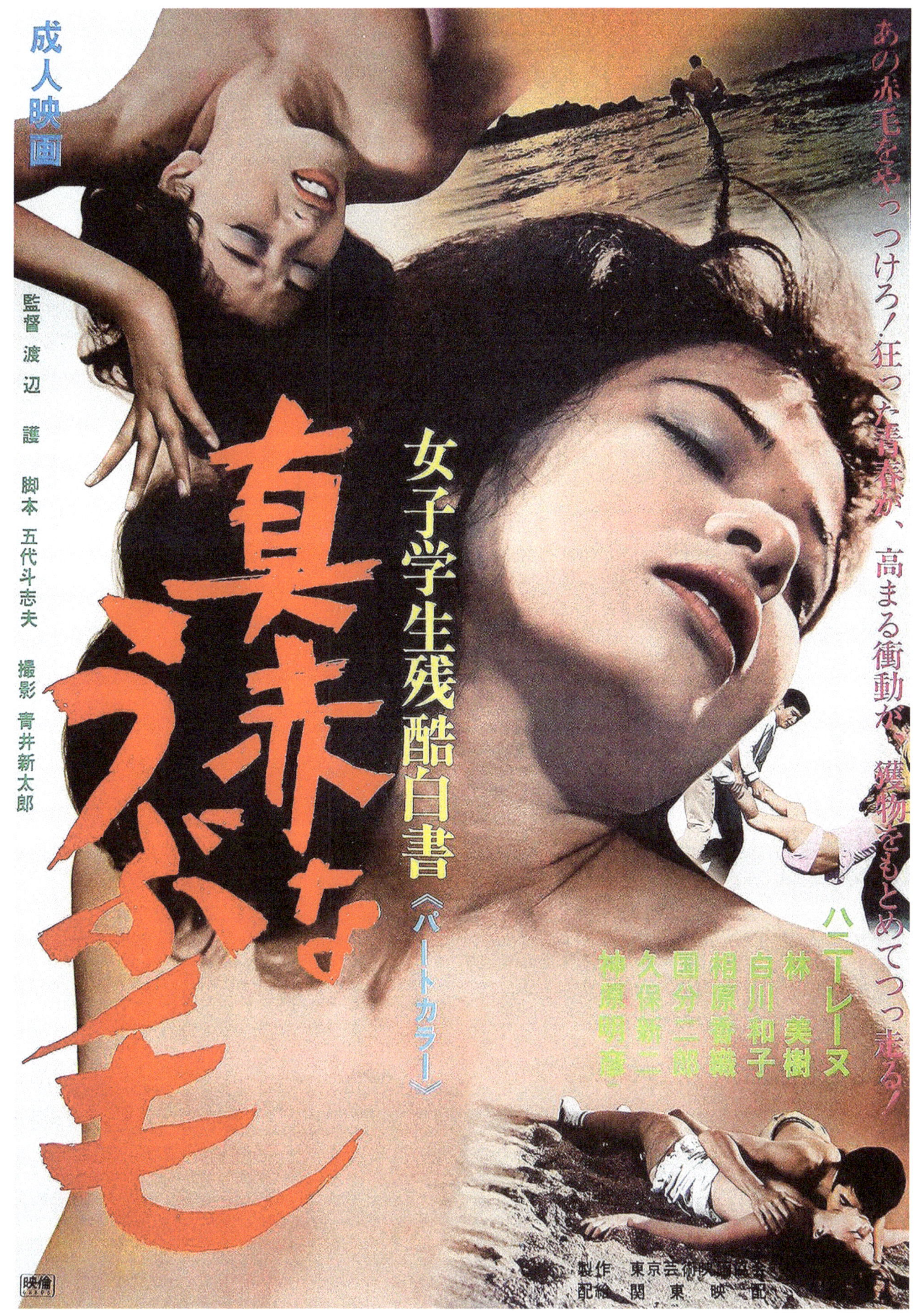

JOSHI GAKUSEI ZANKOKU HAKUSHO MAKKANA UBUGE

(1968)

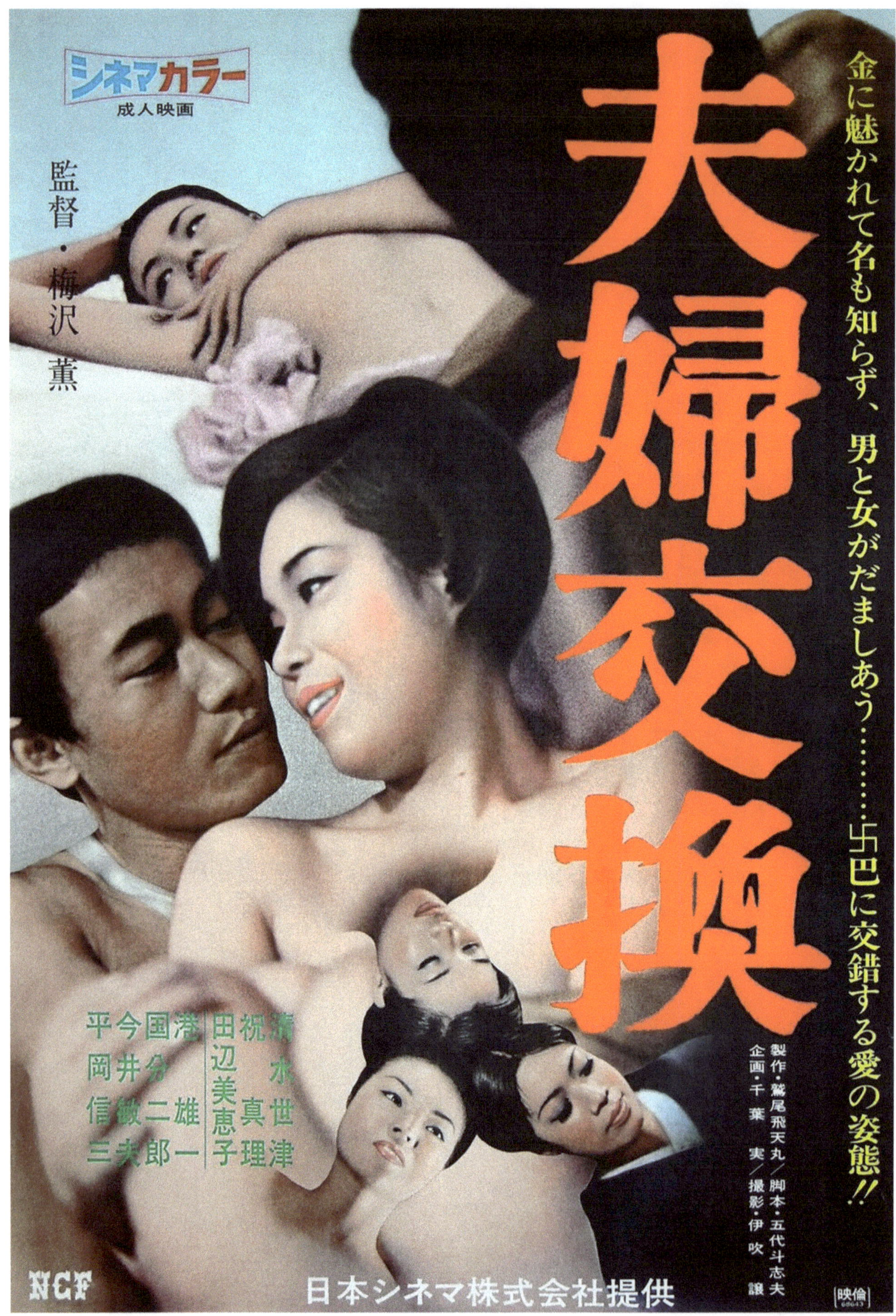

FUFU KOKAN

(1968)

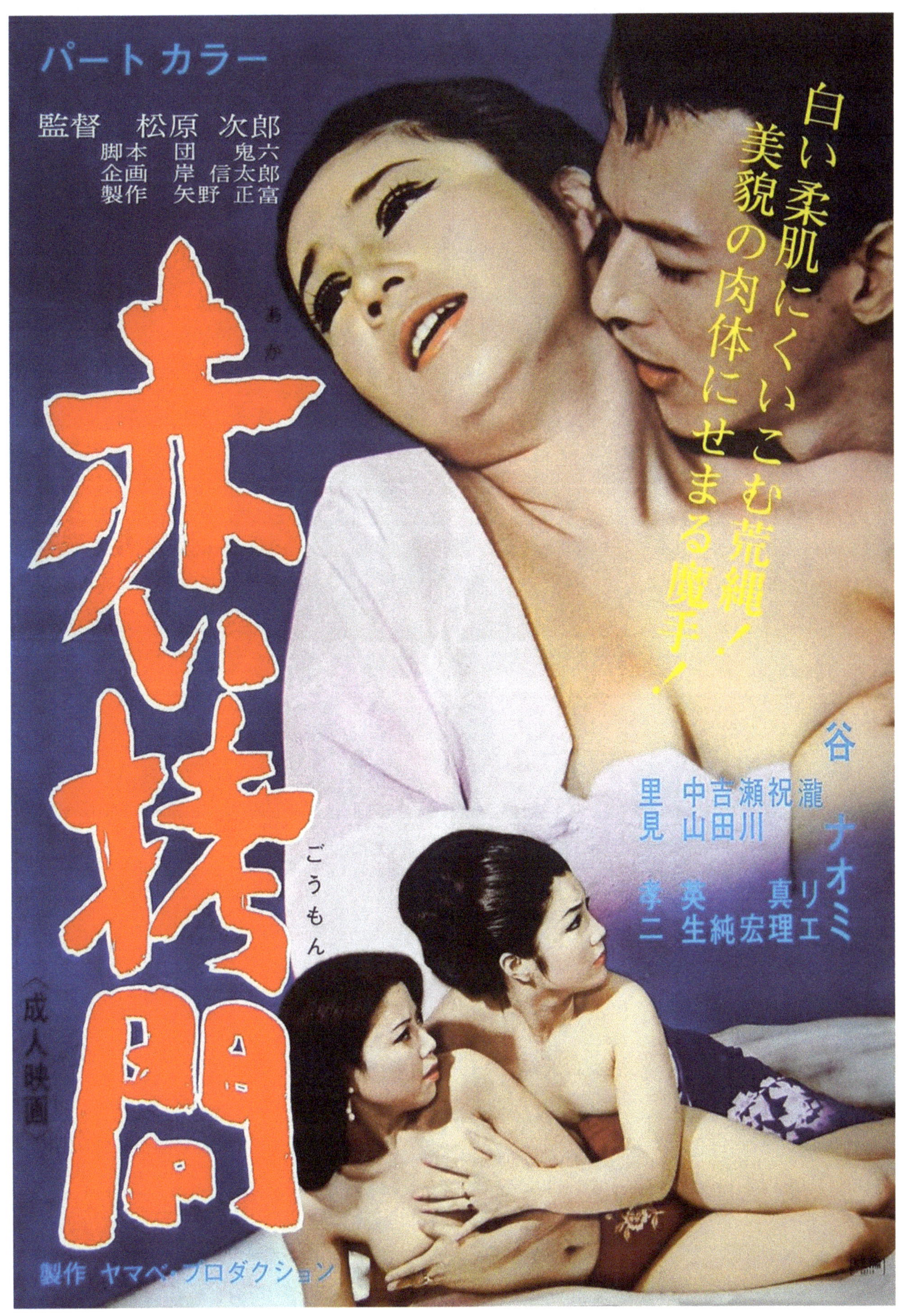
パートカラー
監督 松原次郎
脚本 団岸六鬼太郎
企画 団岸信太
製作 矢野正富
赤い拷問
〈成人映画〉
製作 ヤマベ・プロダクション
白い柔肌にくいこむ荒縄！
美貌の肉体にせまる魔手！
谷 ナオミ
瀧 リエ
祝 真理
瀬川 宏理
中山 英
吉田 純
里見 孝二

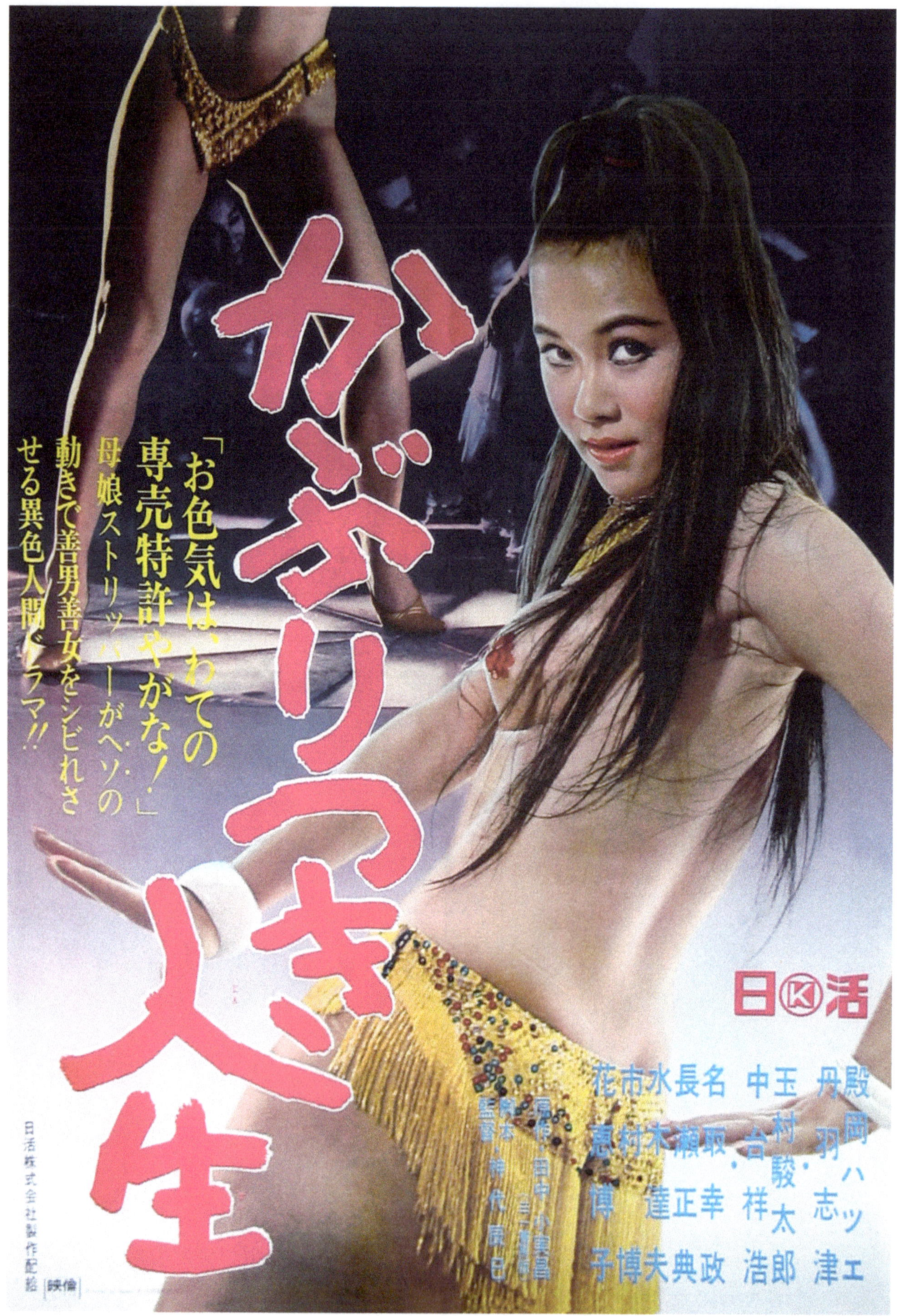

KABURITSUKI JINSEI
(1968)

10

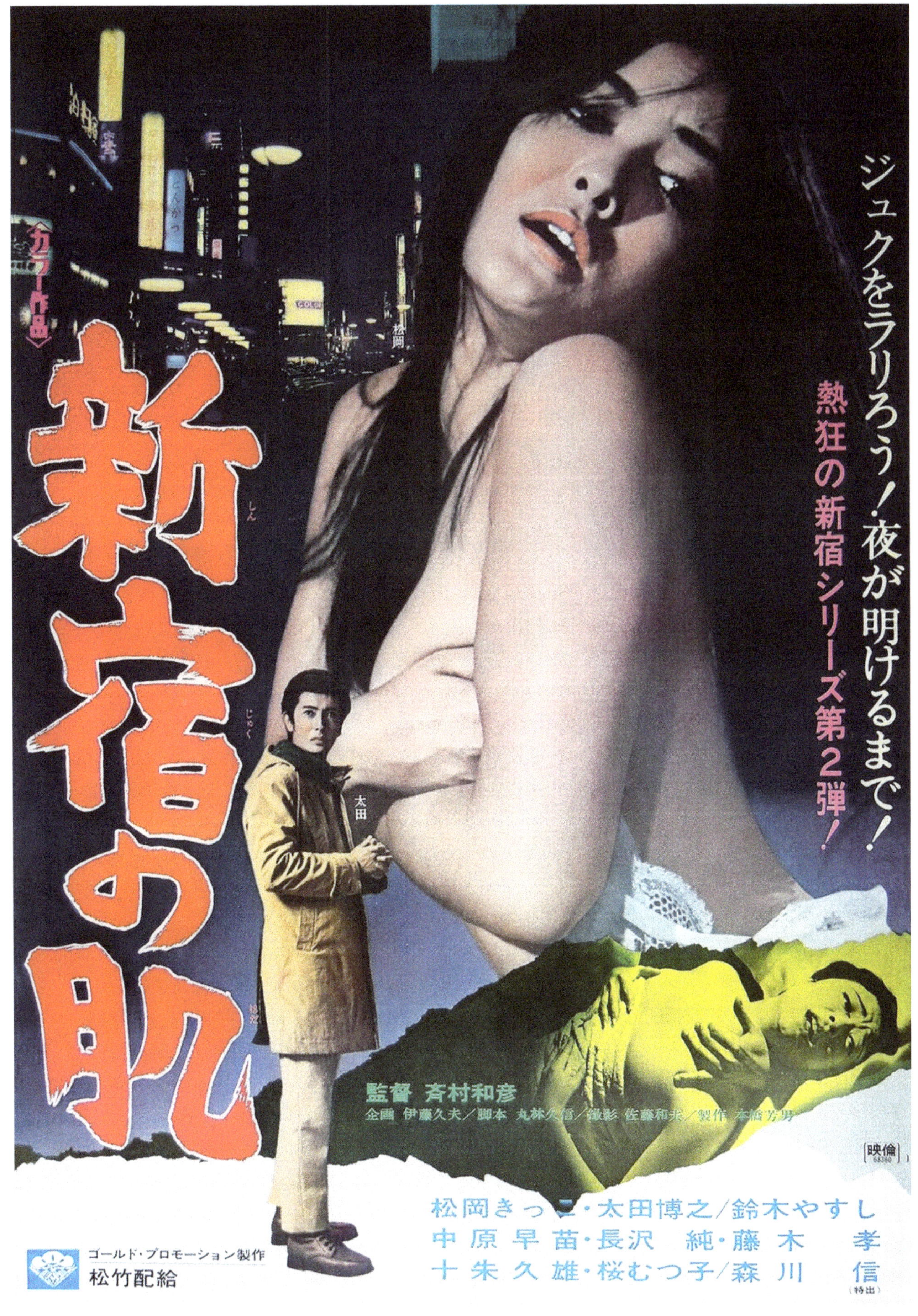

SHINJUKU NO HADA
(1968)

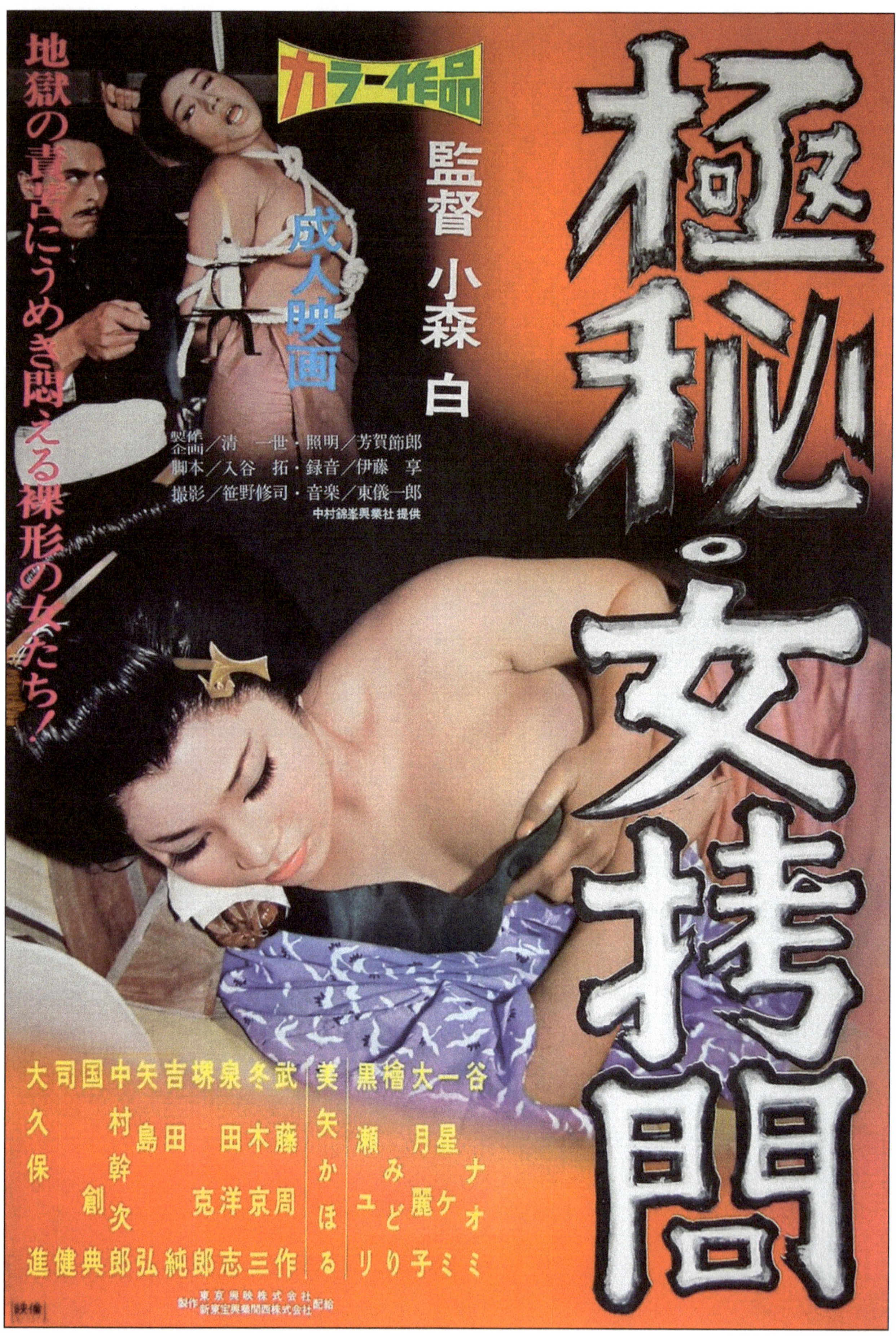

GOKUHI ONNA GOMON
(1968)

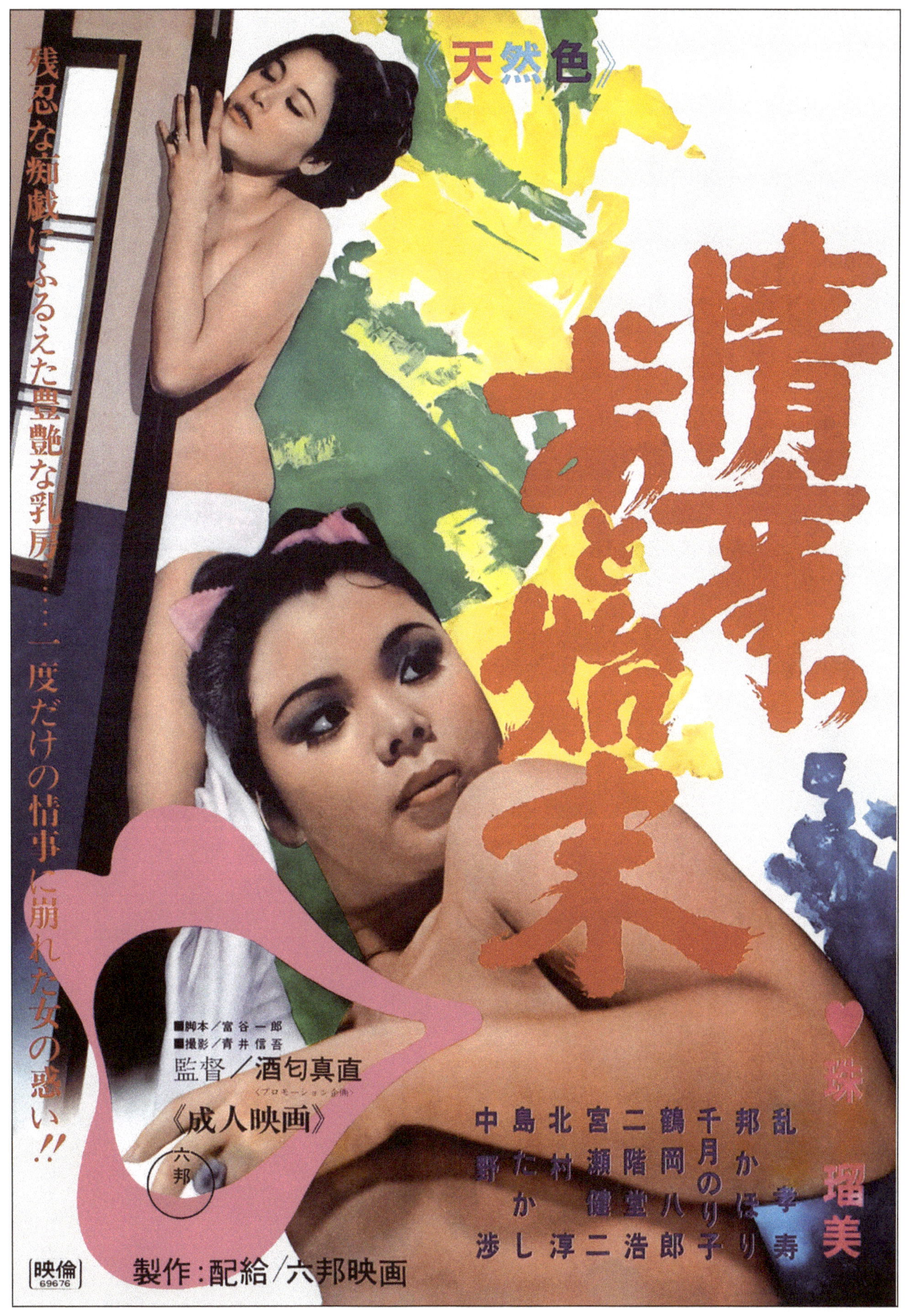

JOJI NO ATOSHIMATSU
(1969)

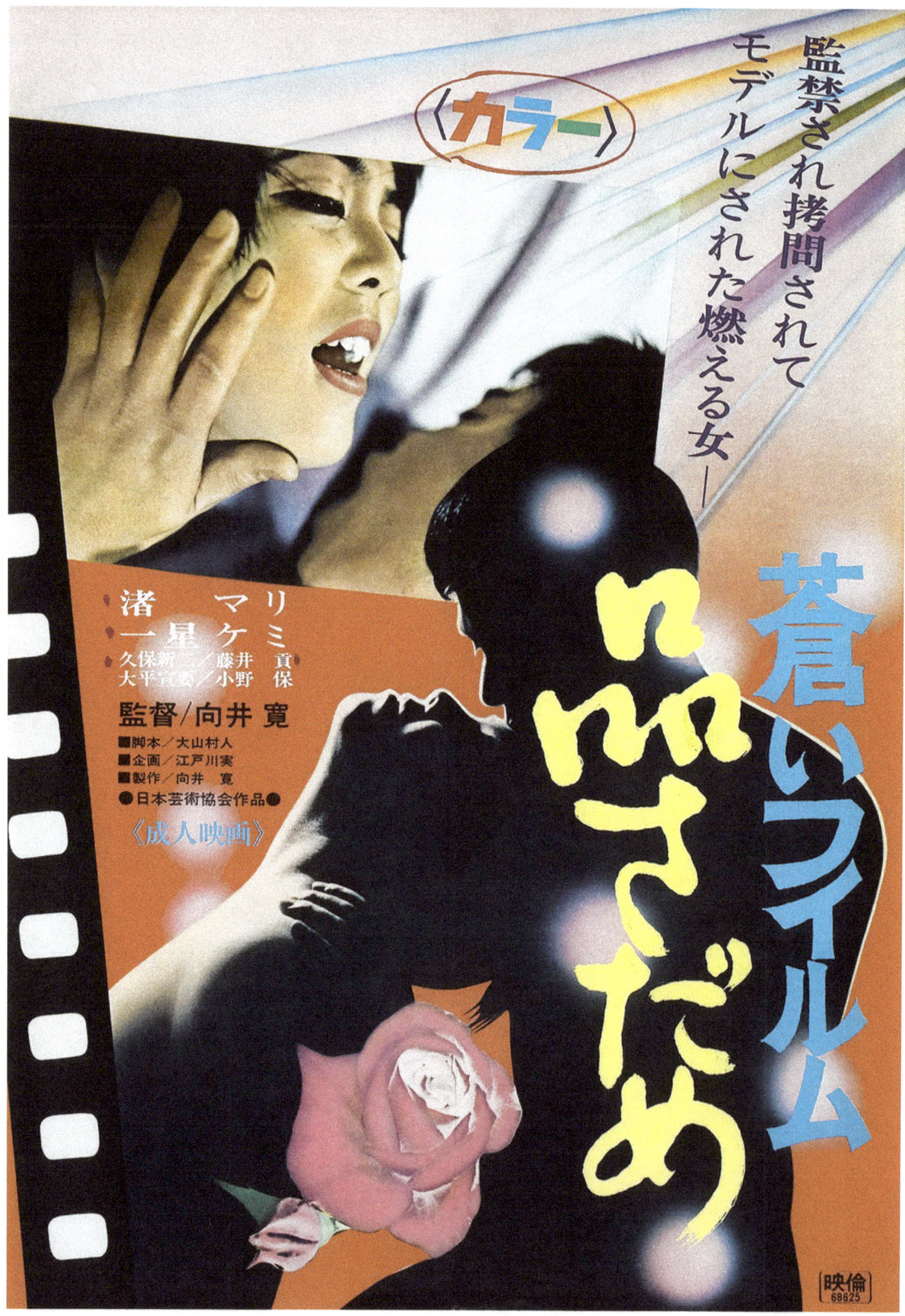

AOI FIRIMU SHINASADAME

(1968)

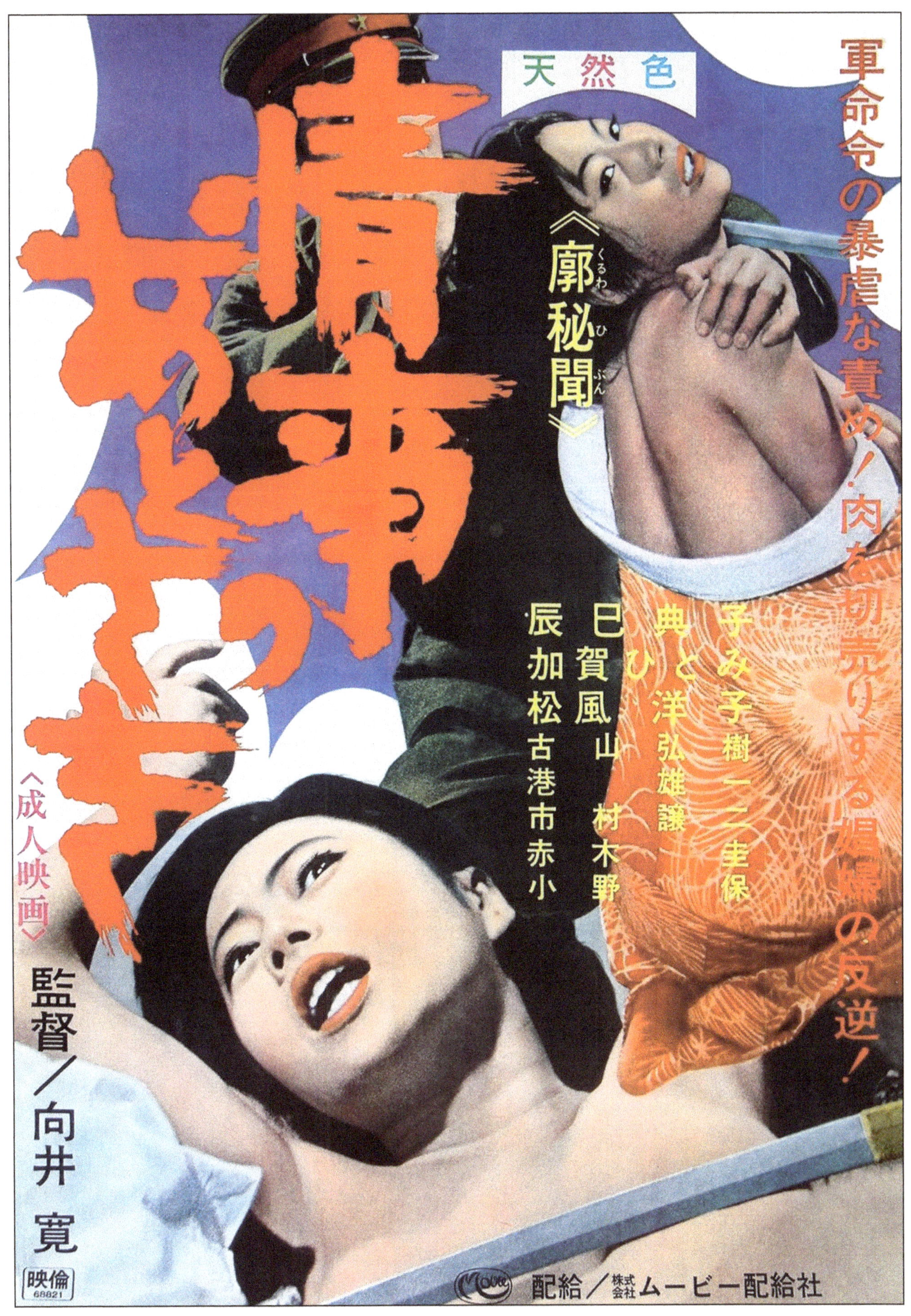

JOJI NO ATOSAKI
(1969)

15

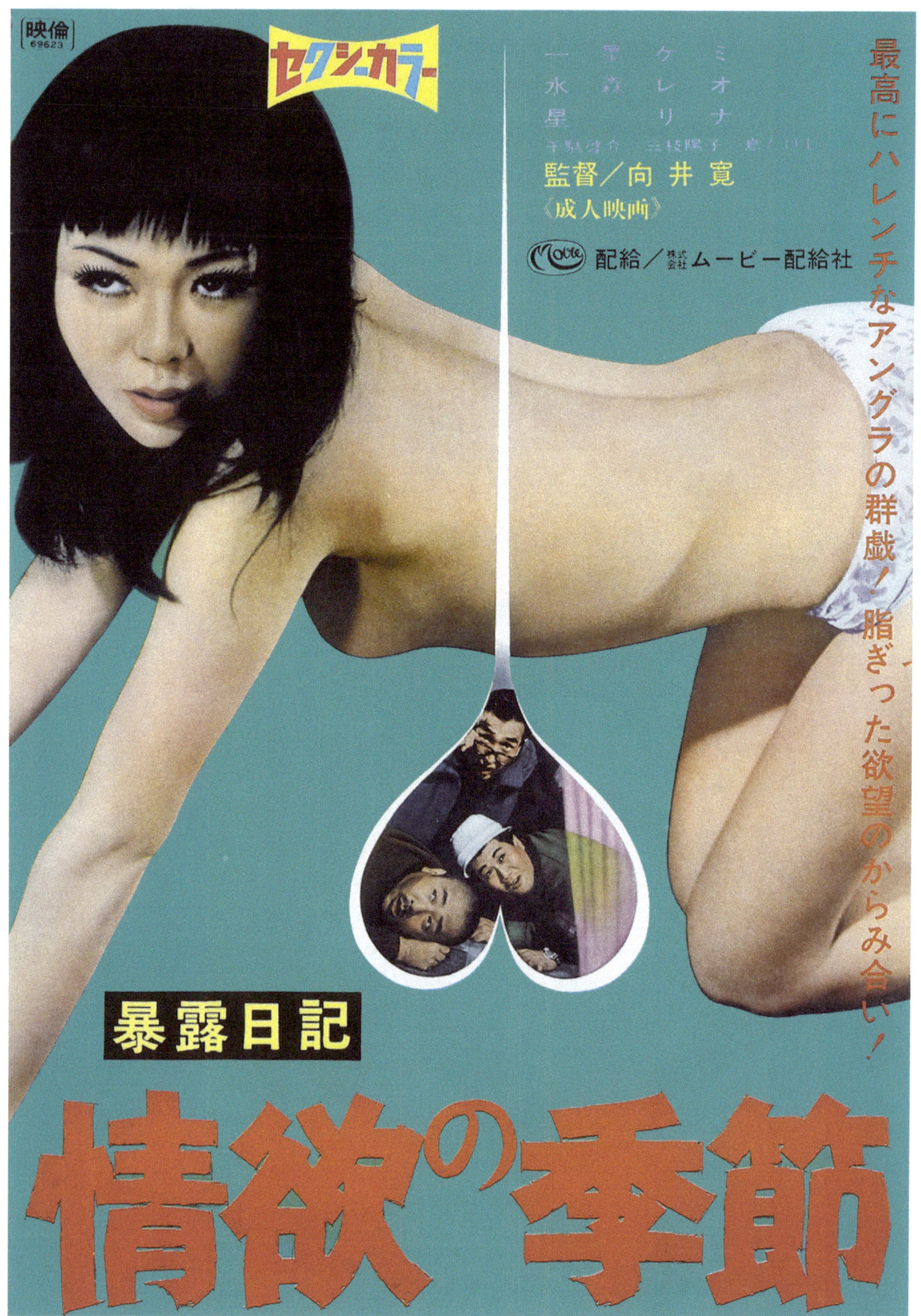

BOKURO NIKKI JOYOKU NO KISETSU
(1969)

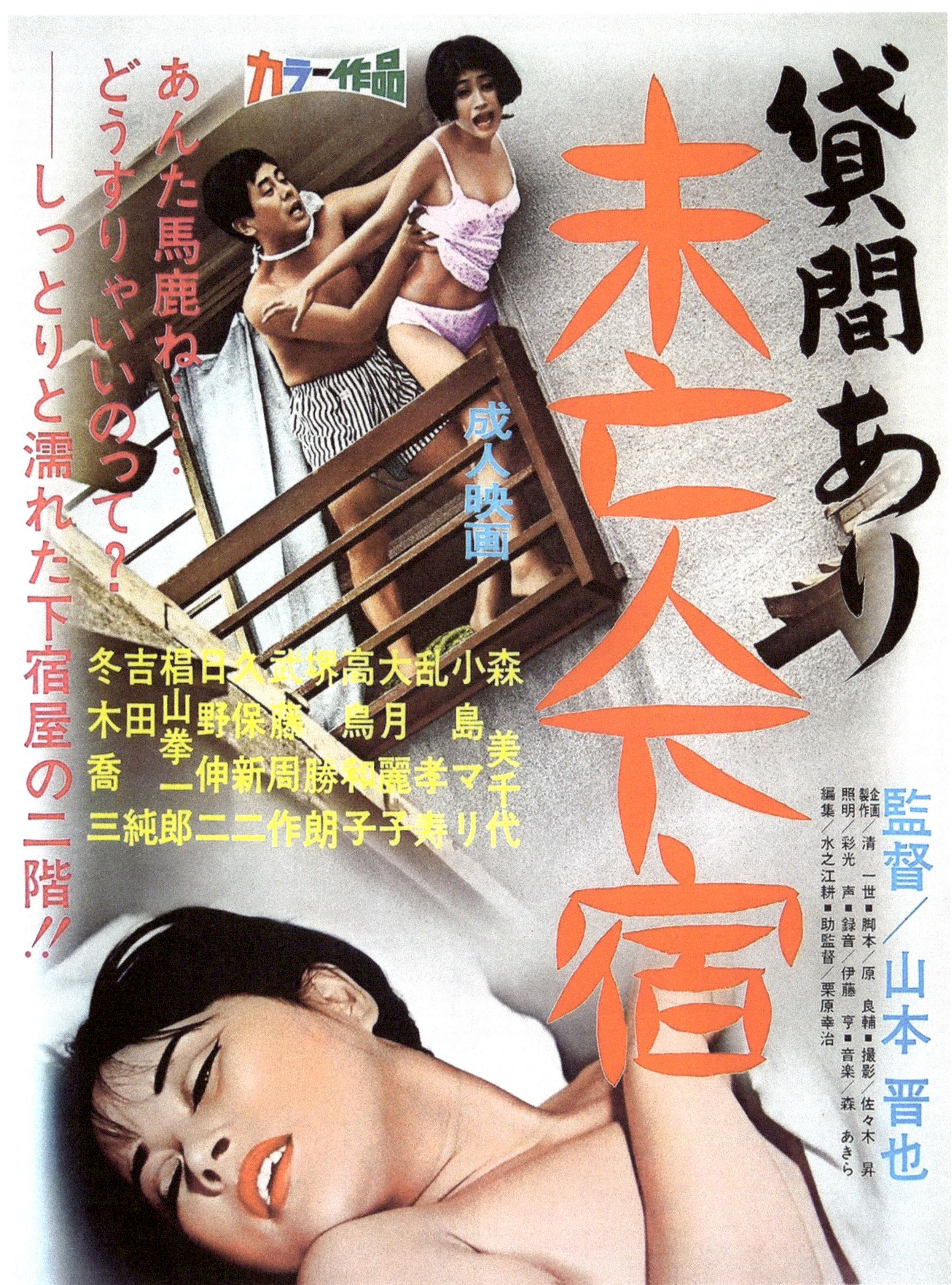

MOBOJIN GESHUKU

(1969)

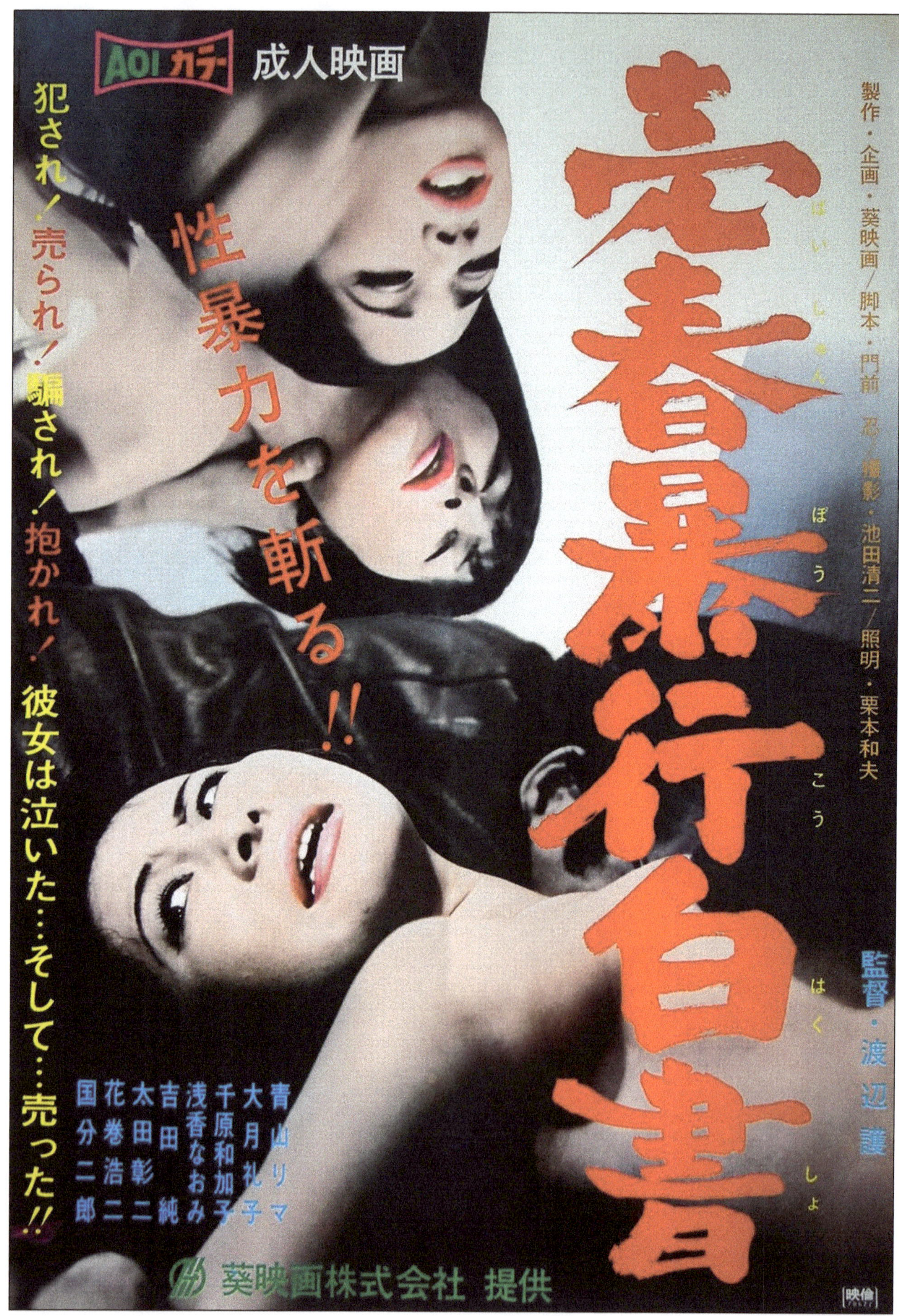

BAISHUN BOKO HAKUSHO

(1970)

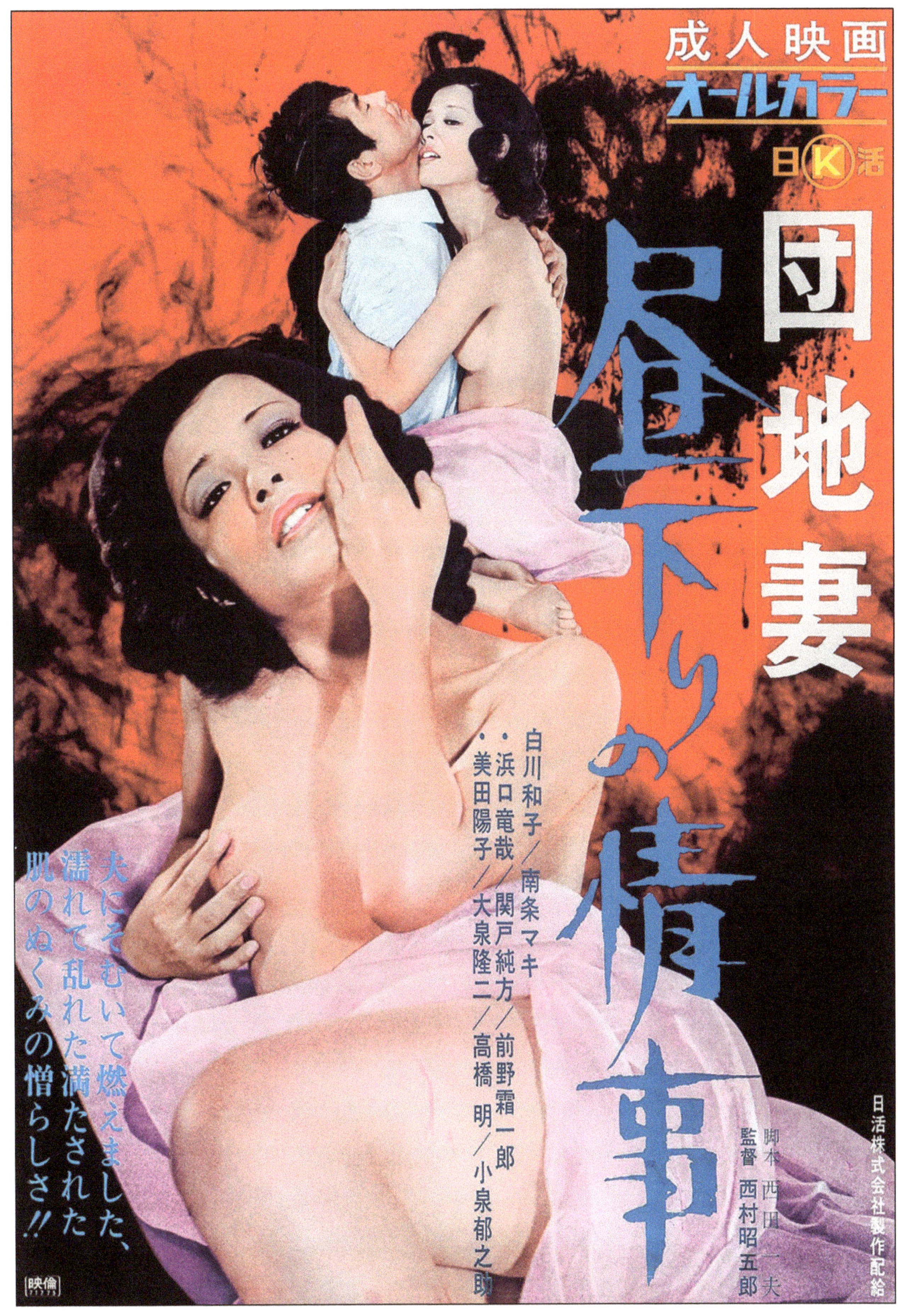

DANCHIZUMA HIRUSAGARI NO JOJI
(1971)

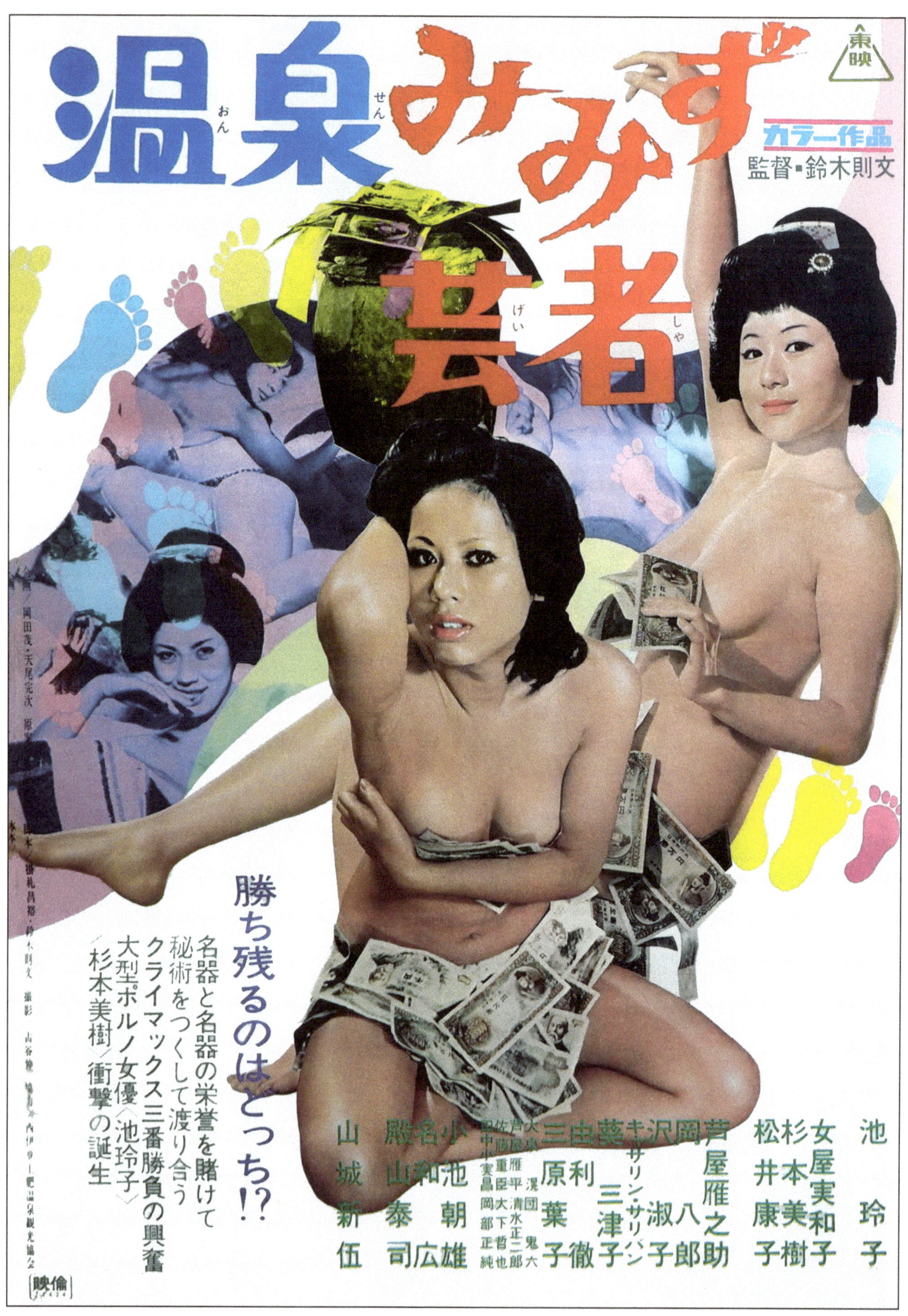

ONSEN MIMIZU GEISHA

(1971)

AOI ガチ
（成人映画）
テロを張り込む刑事たちが見たものは肉欲の渦巻く好色部屋……しかその実体は？
この映画見ずしてセックスと男を自任することなかれ
監督／若松孝二
企画・製作／若松プロ
脚本／出口出
撮影／
照明
現代
好色伝
葵映画株式会社　提供
映倫
吉沢健　神田満　今泉洋　春田将　須藤ひとみ　佐原智美子　江島祐子

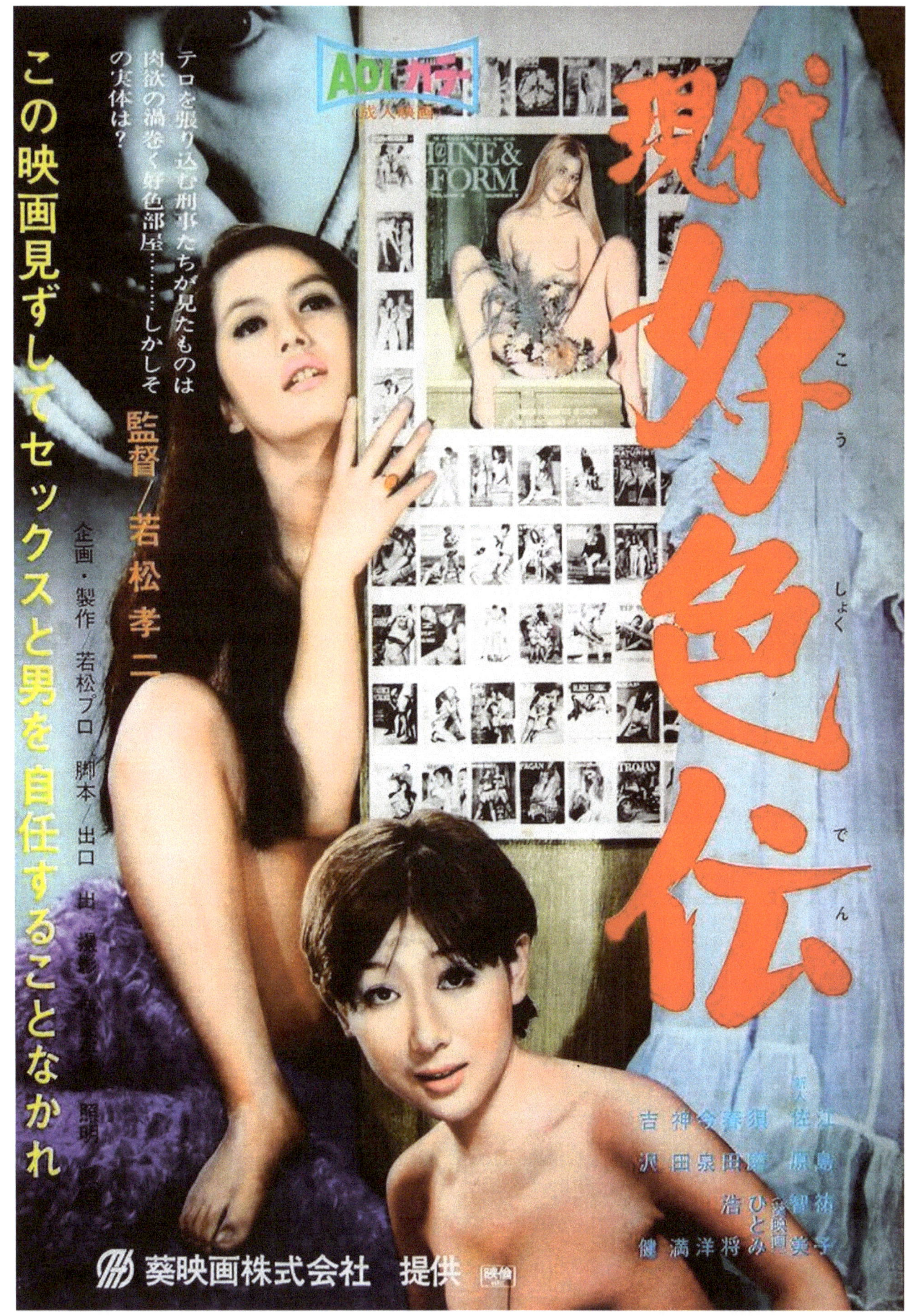

21

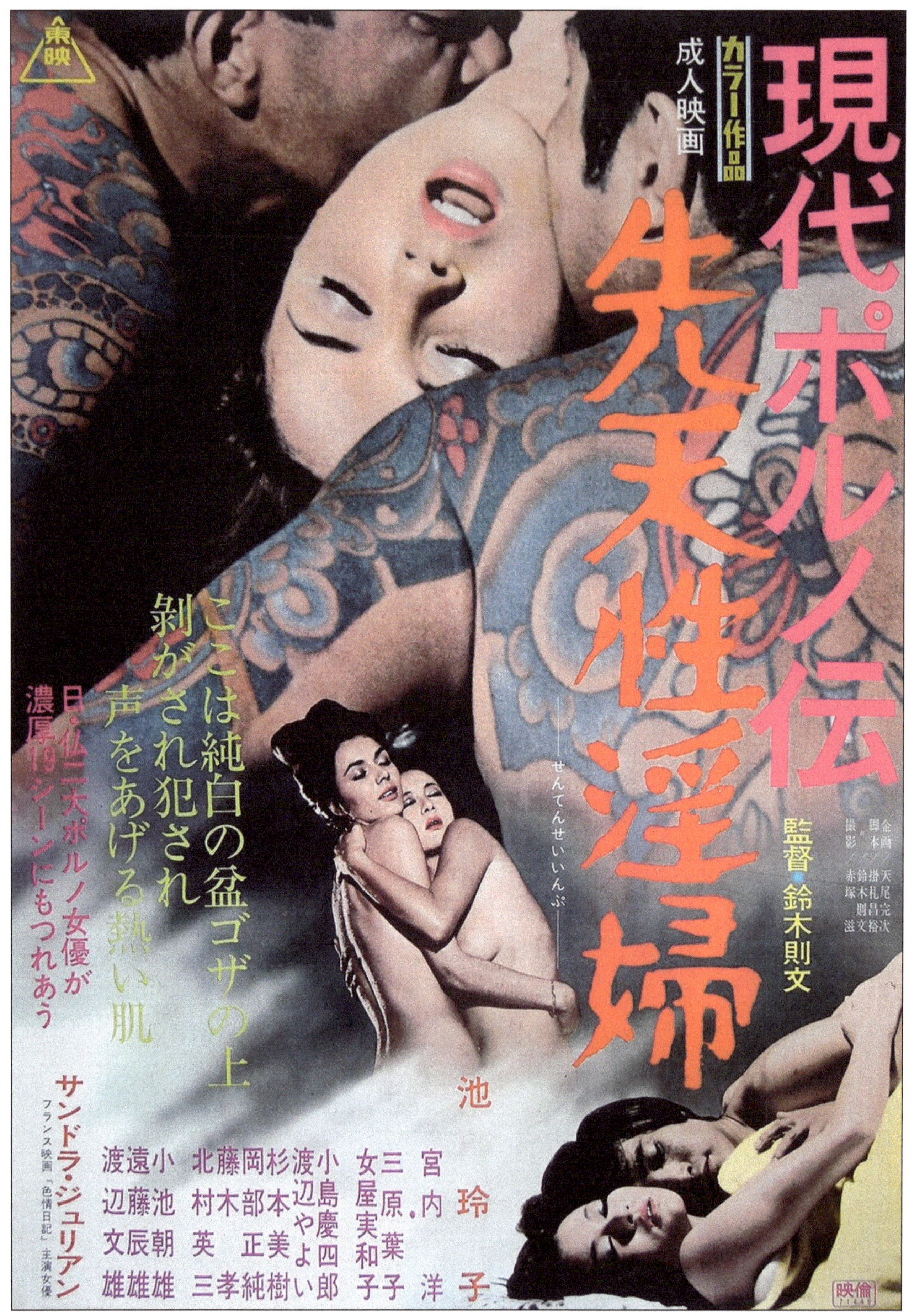

GENDAI NO PORUNO-DEN

(1971)

22

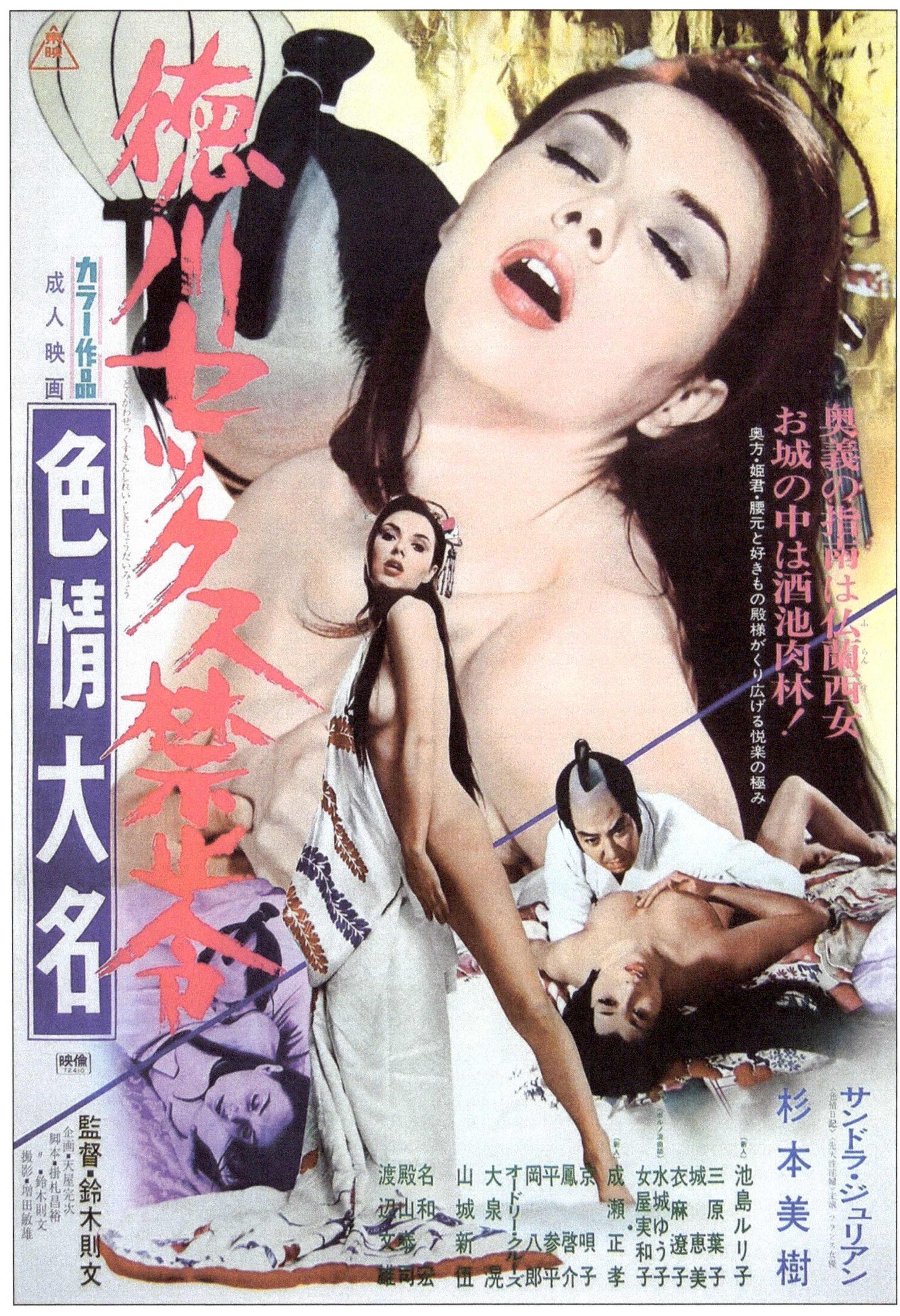

TOKUGAWA SEKKUSU KINSHI-REI
(1972)

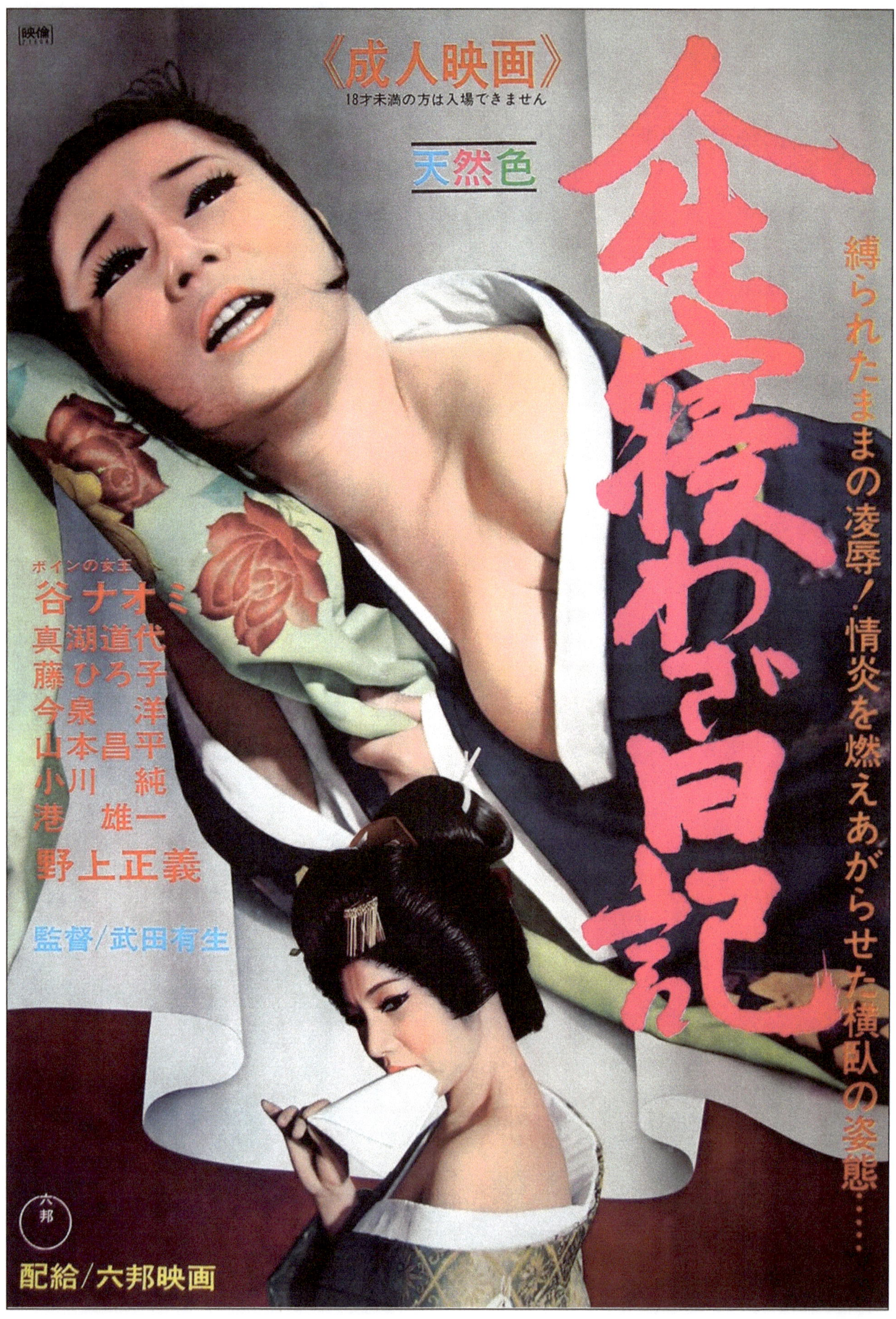

JINSEI NEWAZA NIKKI
(1971)

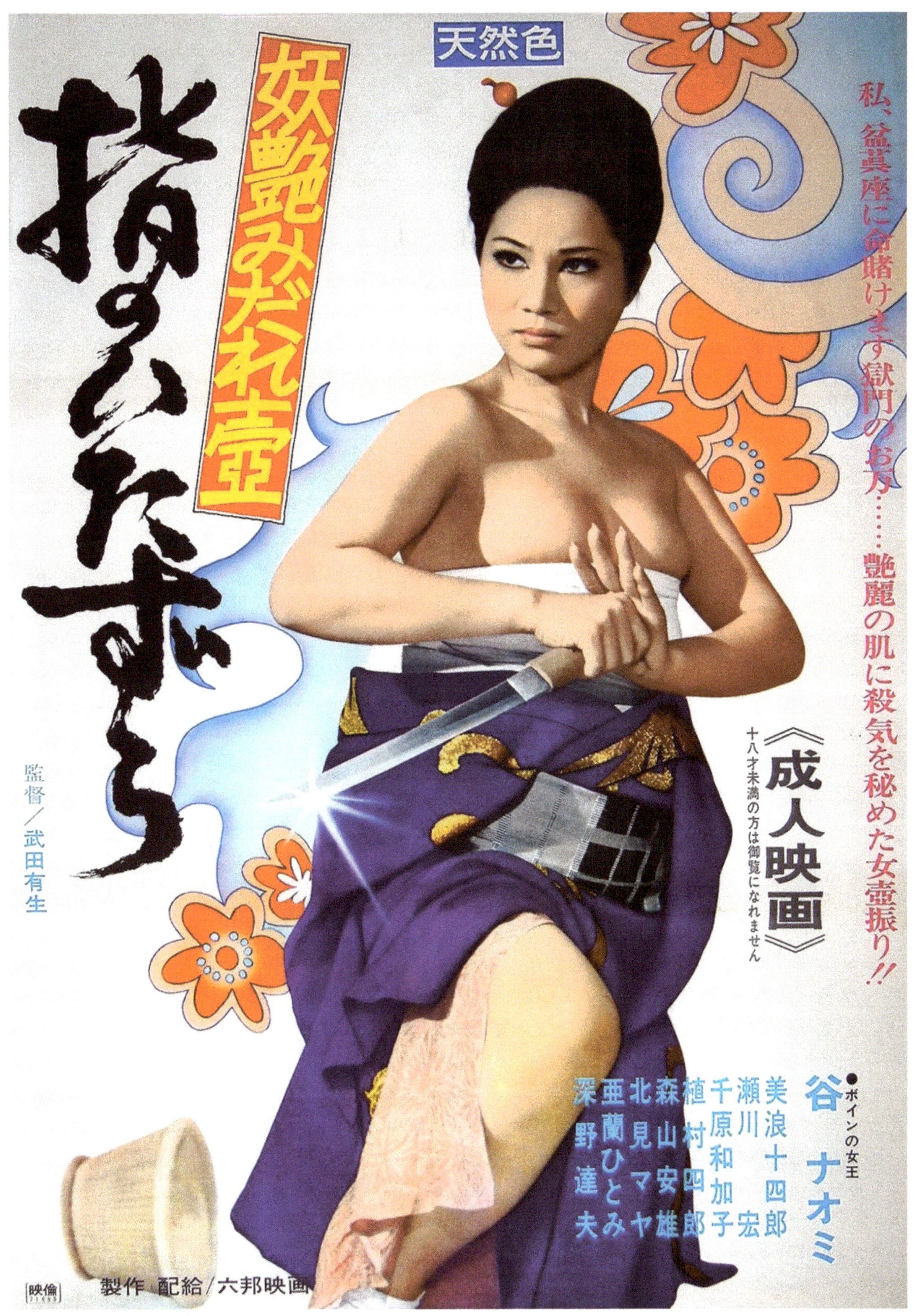
天然色
妖艶みだれ壺
指のいたずら
北のみだれ壺
監督／武田有生
私、盆茣蓙に命賭けます獄門のお万……艶麗の肌に殺気を秘めた女壺振り!!
《成人映画》
十八才未満の方は御覧になれません
●ボインの女王
谷 ナオミ
美浪十四郎
瀬川 宏
千原和加子
植村四郎
森村安雄
北見マヤ
亜蘭ひとみ
深野達夫
製作・配給／六邦映画
映倫

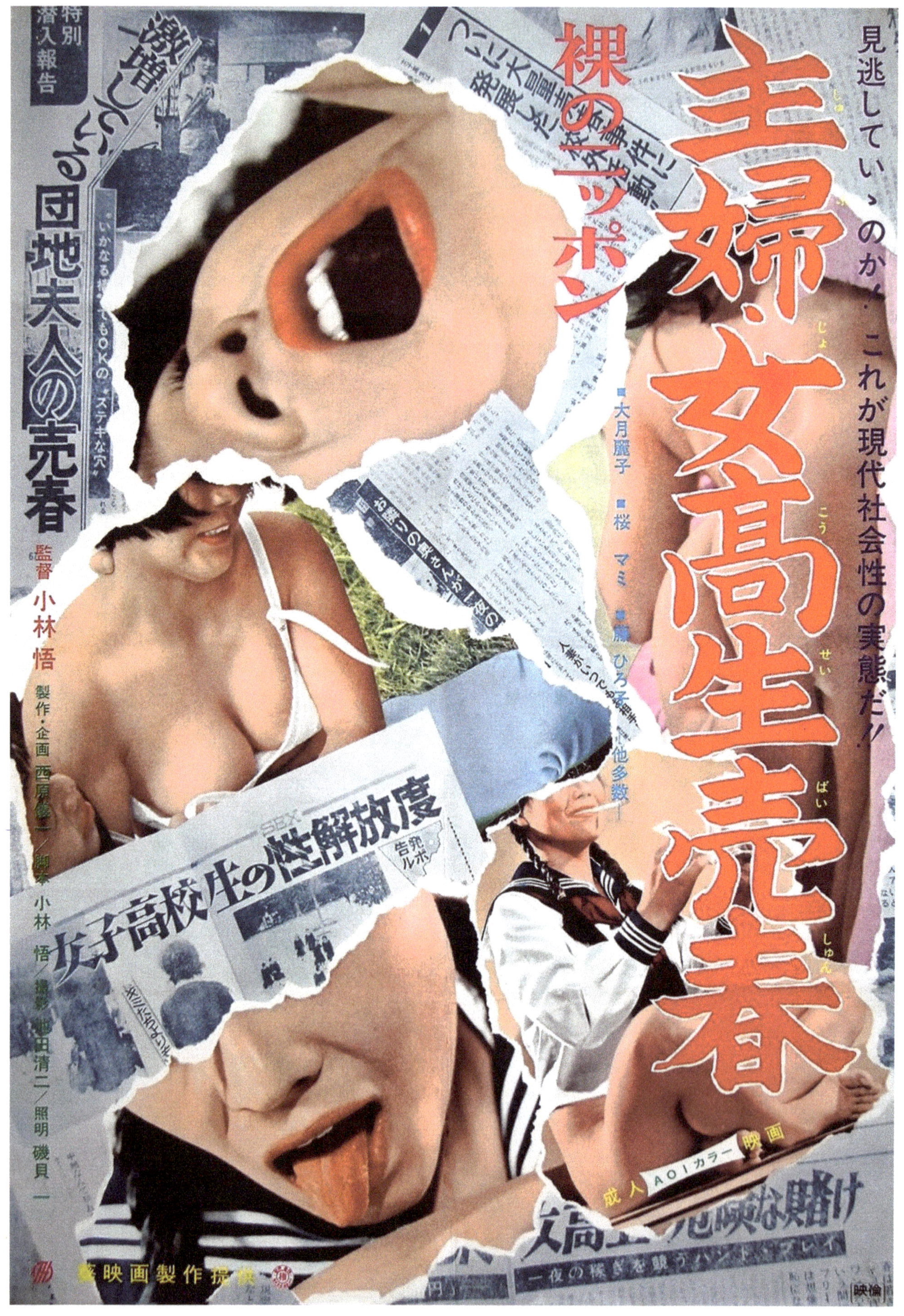

HADAKA NO NIPPON

(1971)

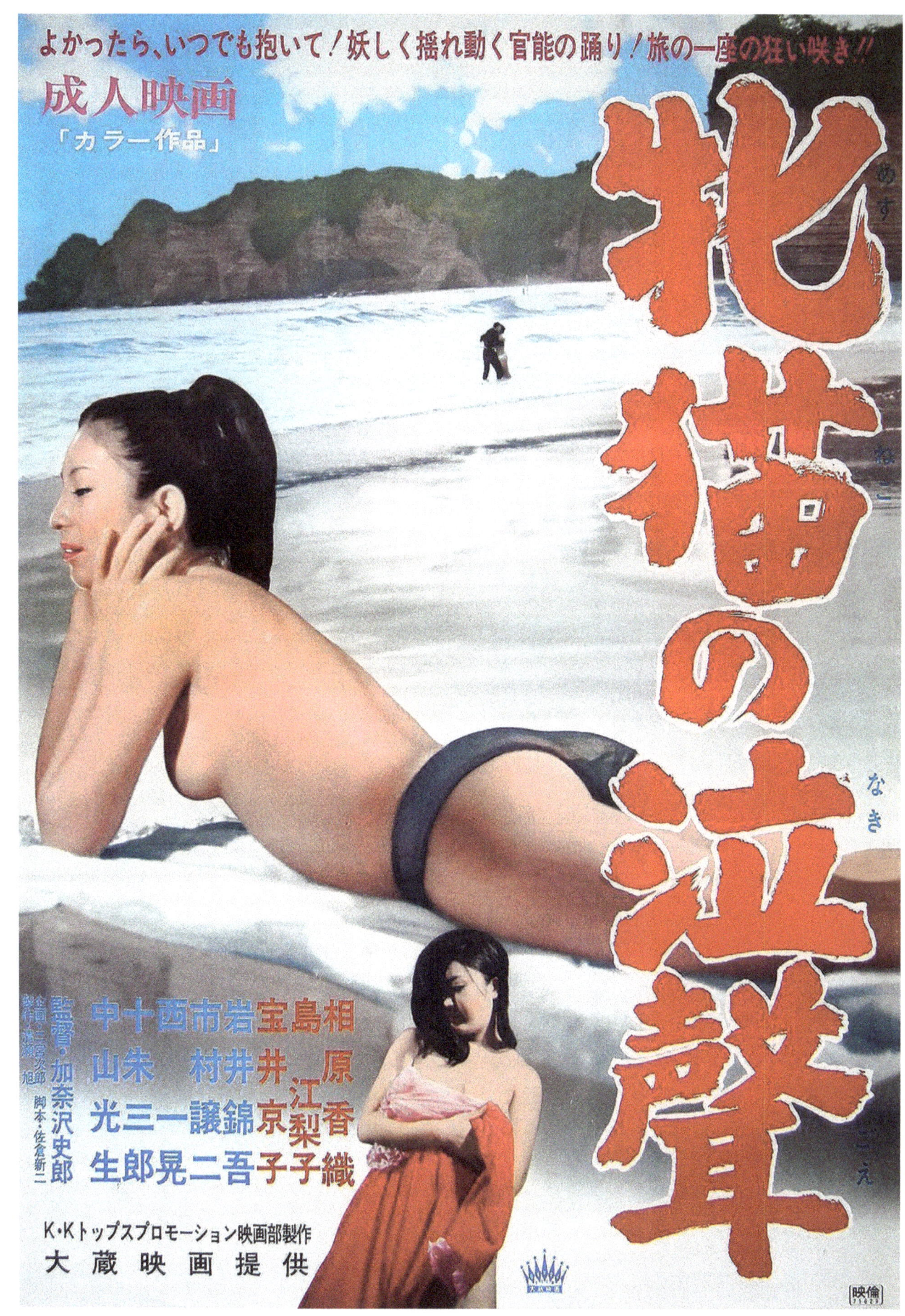

MESUNEKO NO NAKIGOE

(1971)

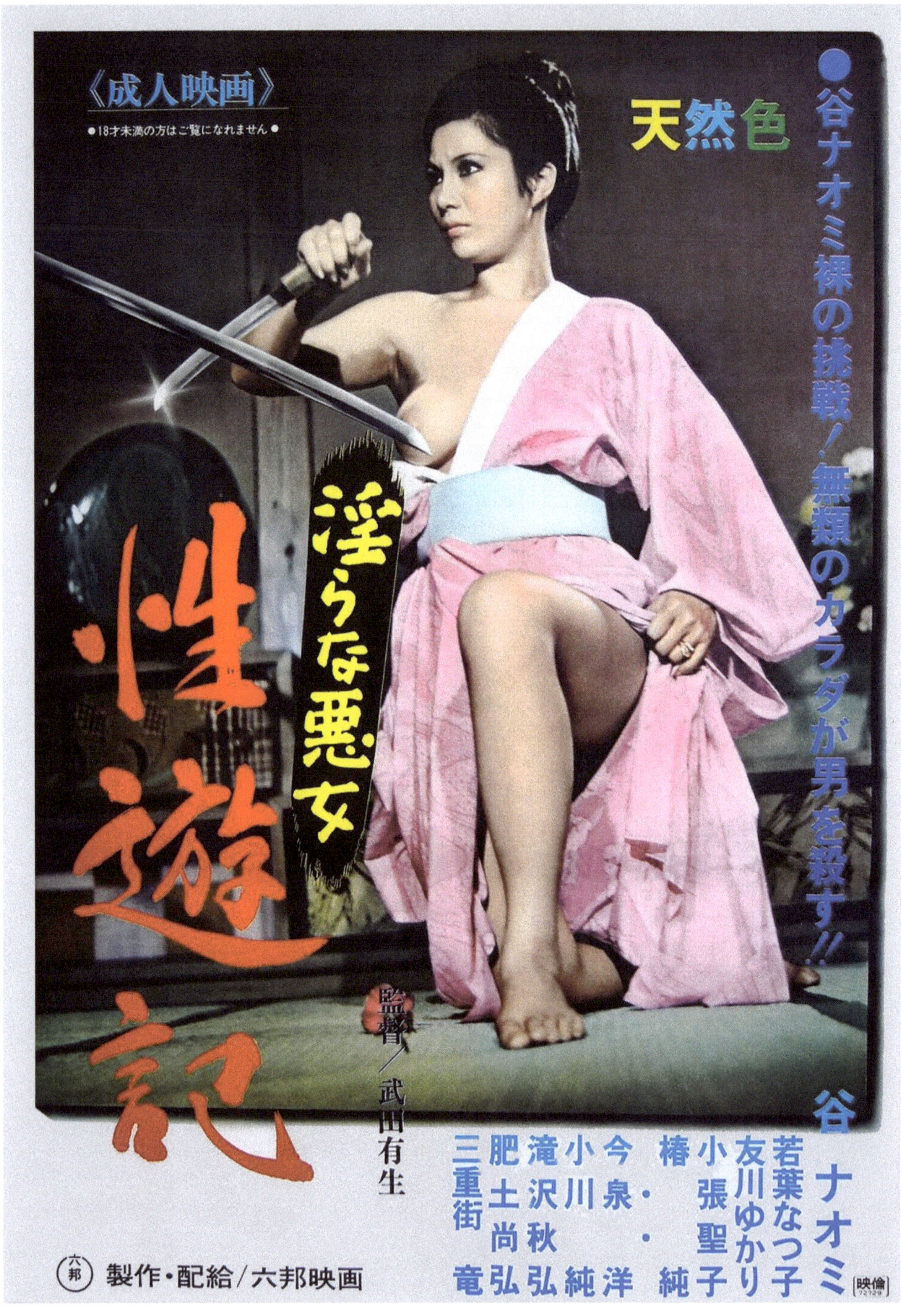

SEI YU-KI MIDARANA AJUKO
(1972)

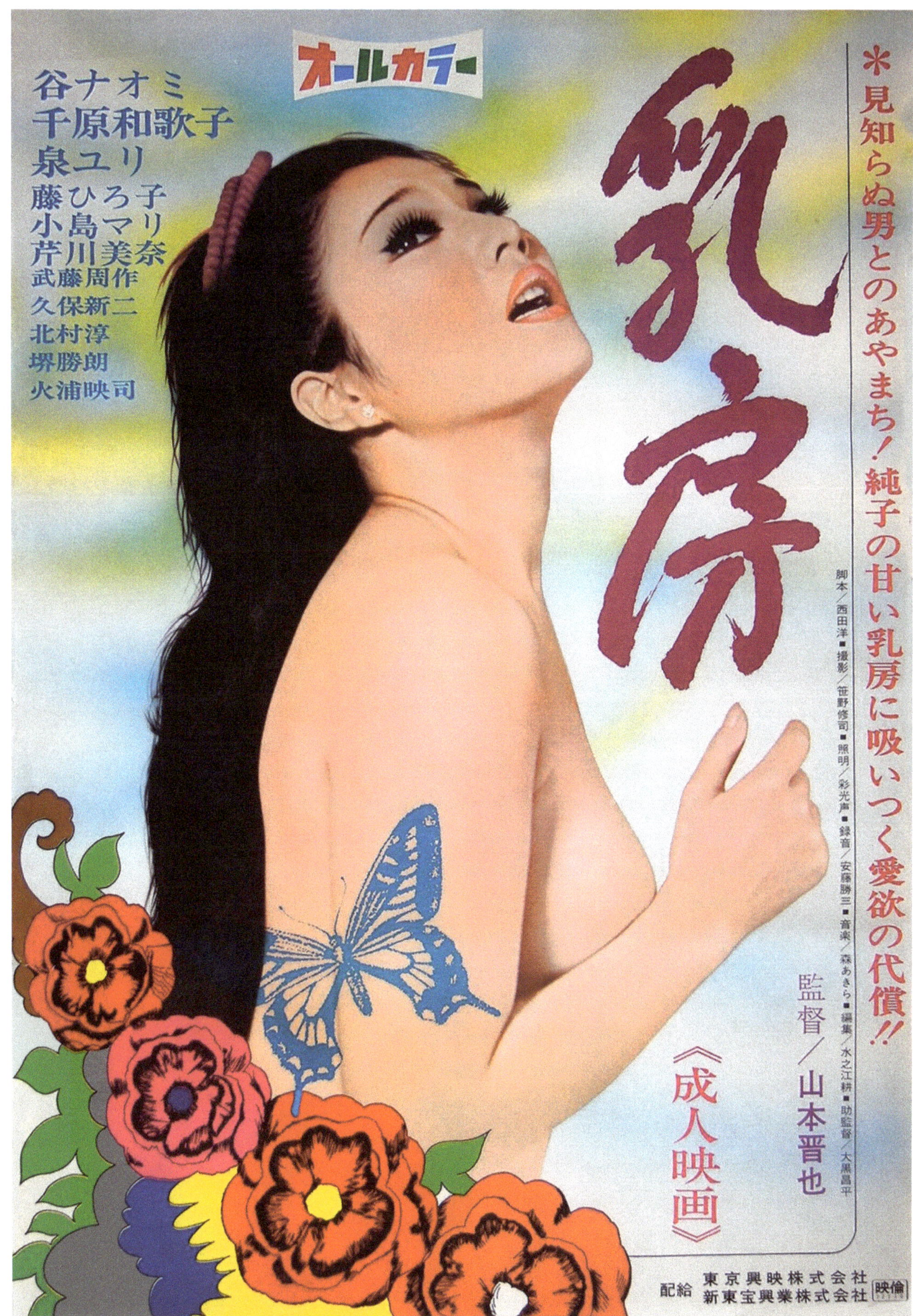
オールカラー
谷ナオミ
千原和歌子
泉ユリ
藤ひろ子
小島マリ奈
芹川美
武藤周作
久保新二
北村淳
堺勝朗
火浦映司
乳房
＊見知らぬ男とのあやまち！純子の甘い乳房に吸いつく愛欲の代償！！
脚本／西田洋■撮影／笹野修司■照明／彩光声■録音／安藤勝三■音楽／森あきら■編集／水之江耕■助監督／大黒昌平
監督／山本晋也
《成人映画》
配給　東京興映株式会社
新東宝興業株式会社
映倫

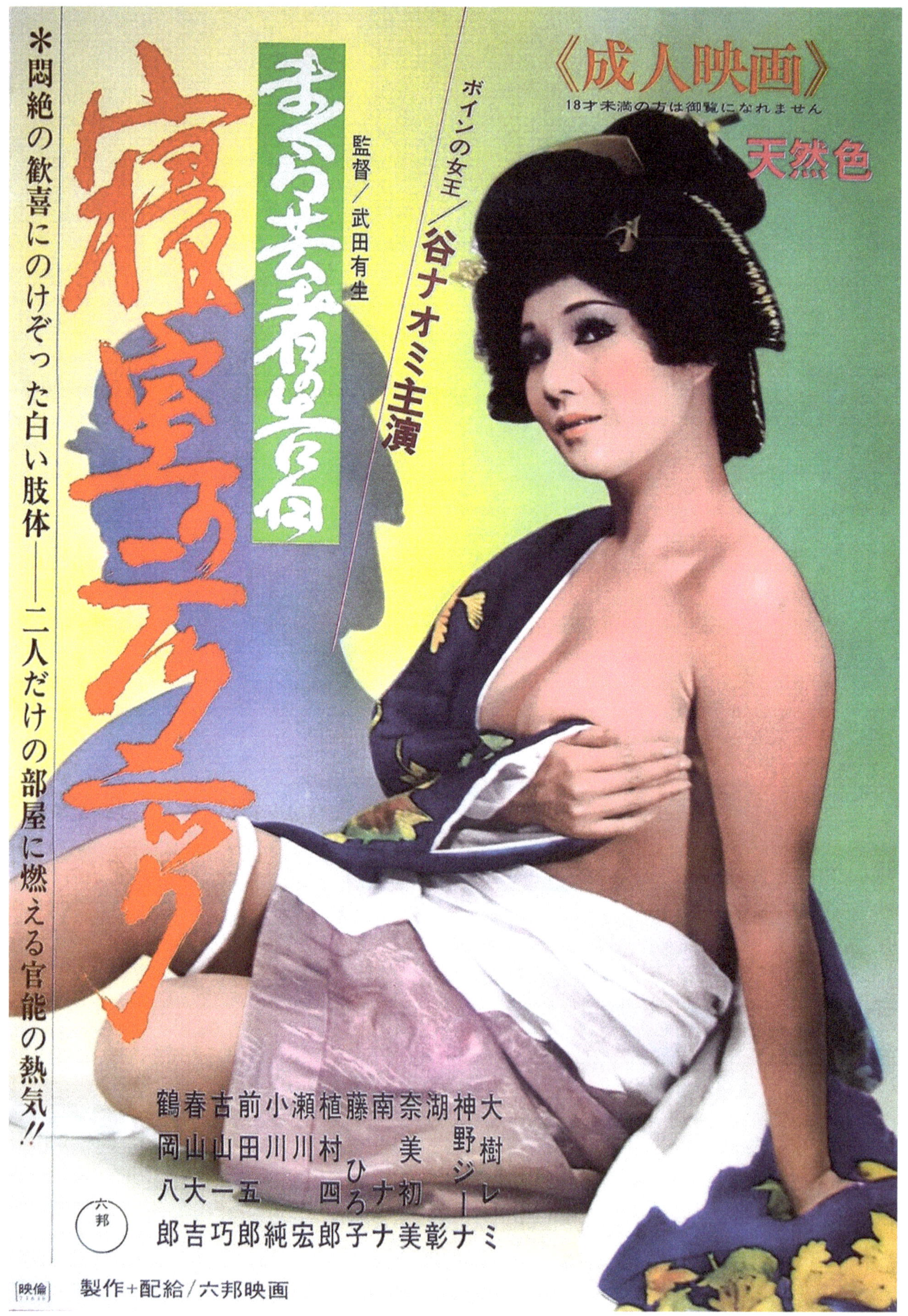

MAKURA GEISHA NO KOKUHAKU SHINSHITSU NO TECHNIQUE
(1972)

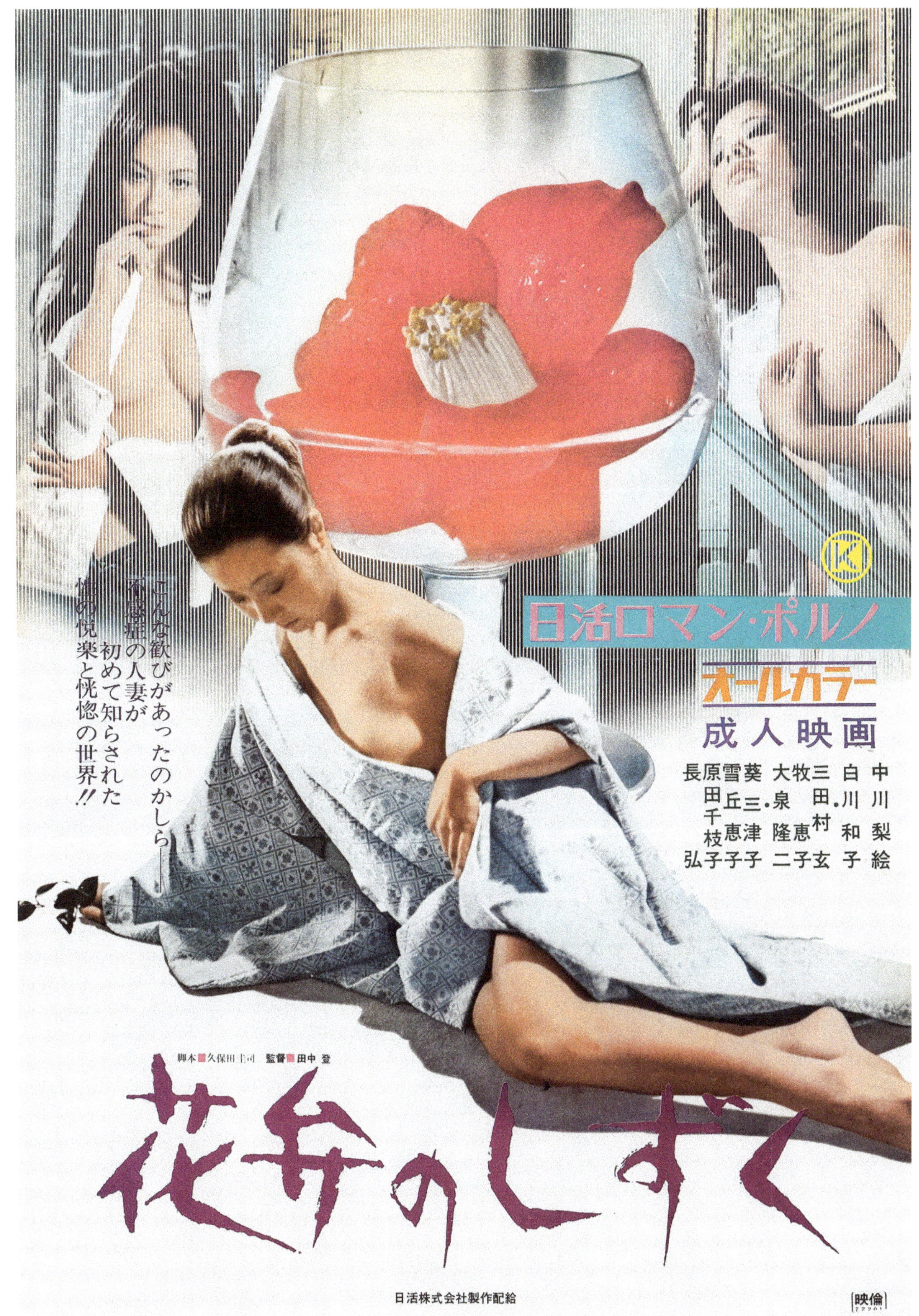

KABEN NO SHIZUKU

(1972)

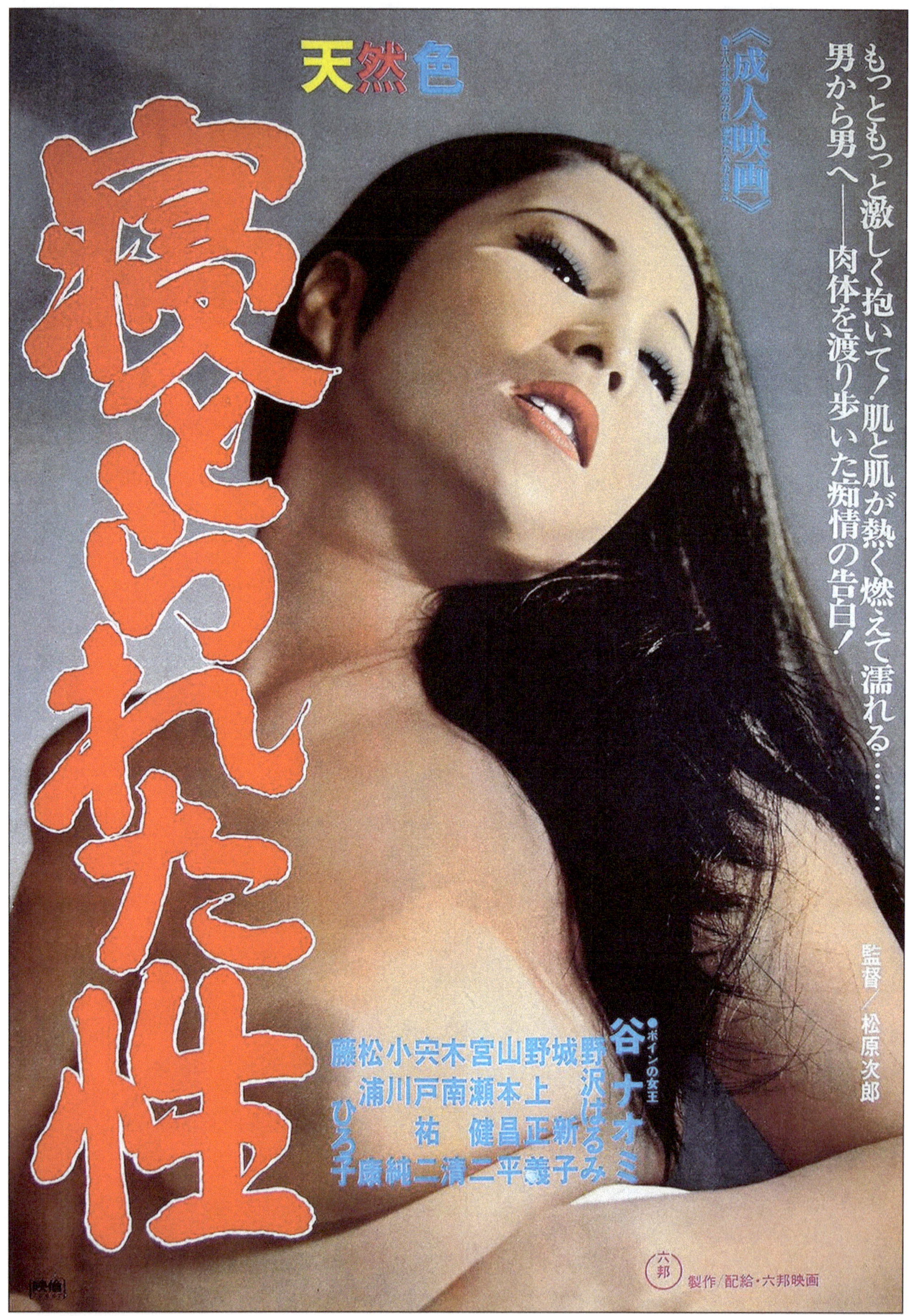

NETORARETA SEI

(1972)

オールカラー
谷 ナオミ
妖艶な美女が桃白の肌を開き情炎の世界を展開する激情夜話!!
子力紀作朗純三純三郎
麗ミ亜周勝田京川三
月野山藤堺吉木小伝
大草北武 冬
脚本／落合恵　撮影／笹野修司　照明／彩光声　録音／安藤勝三　音楽／森あきら　編集／水之正行　助監督／都倭一
監督／山本晋也
《成人映画》
蛇女の熱い肌
配給　東京興映株式会社
　　　新東宝興業株式会社
映倫

HEBI ONNA NO ATSUI HADA
(1972)

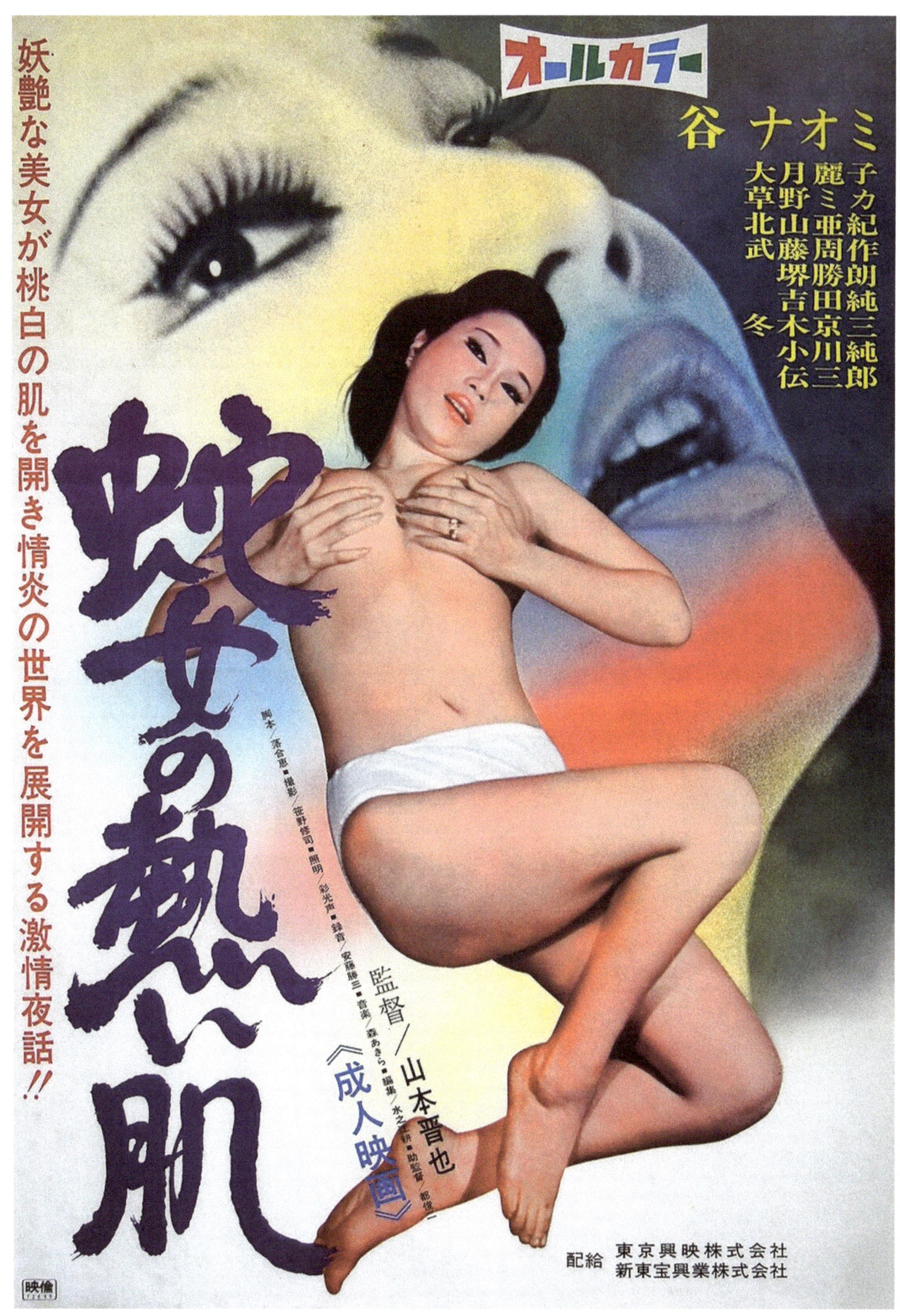

33

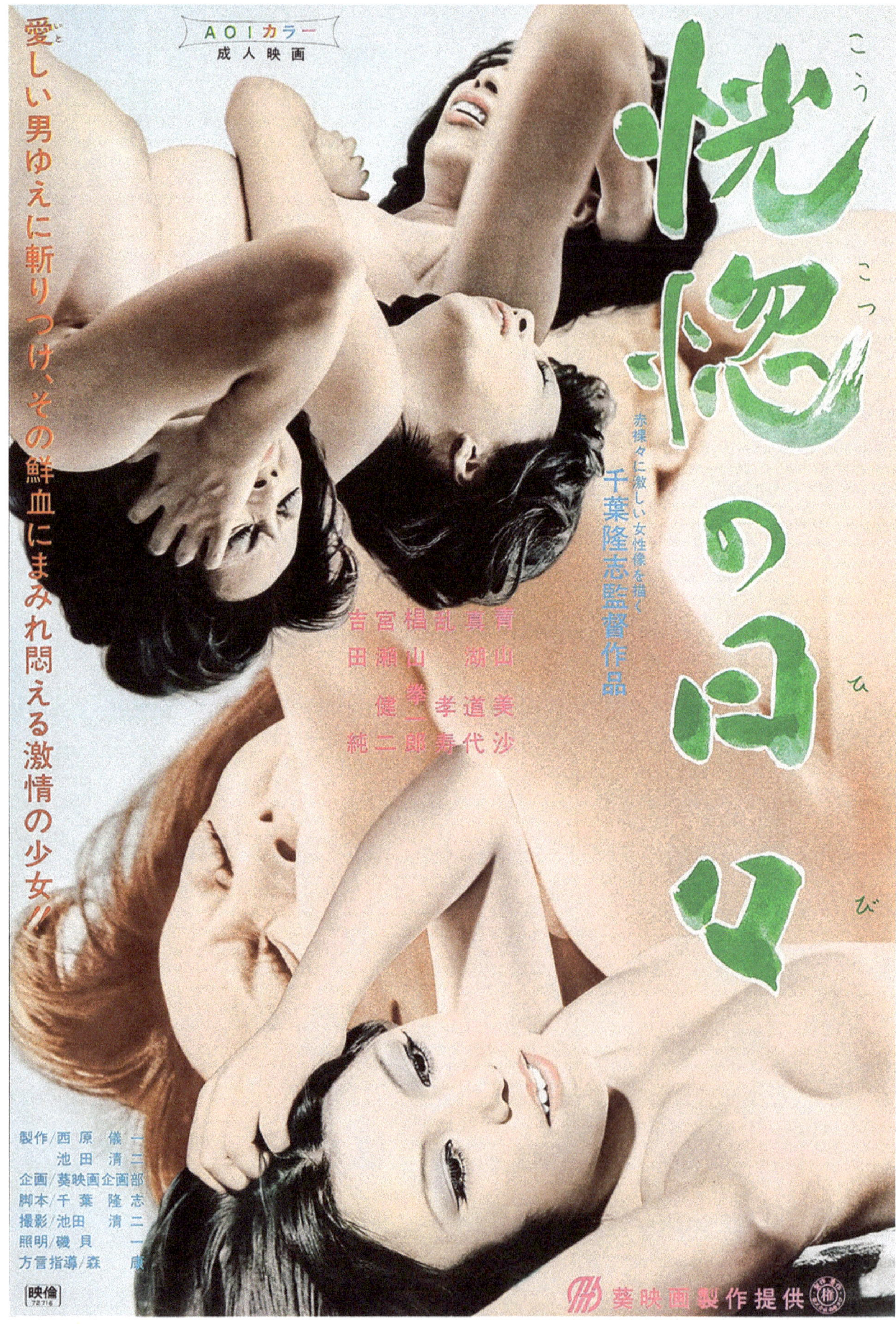

KOKOTSU NO HIBI

(1972)

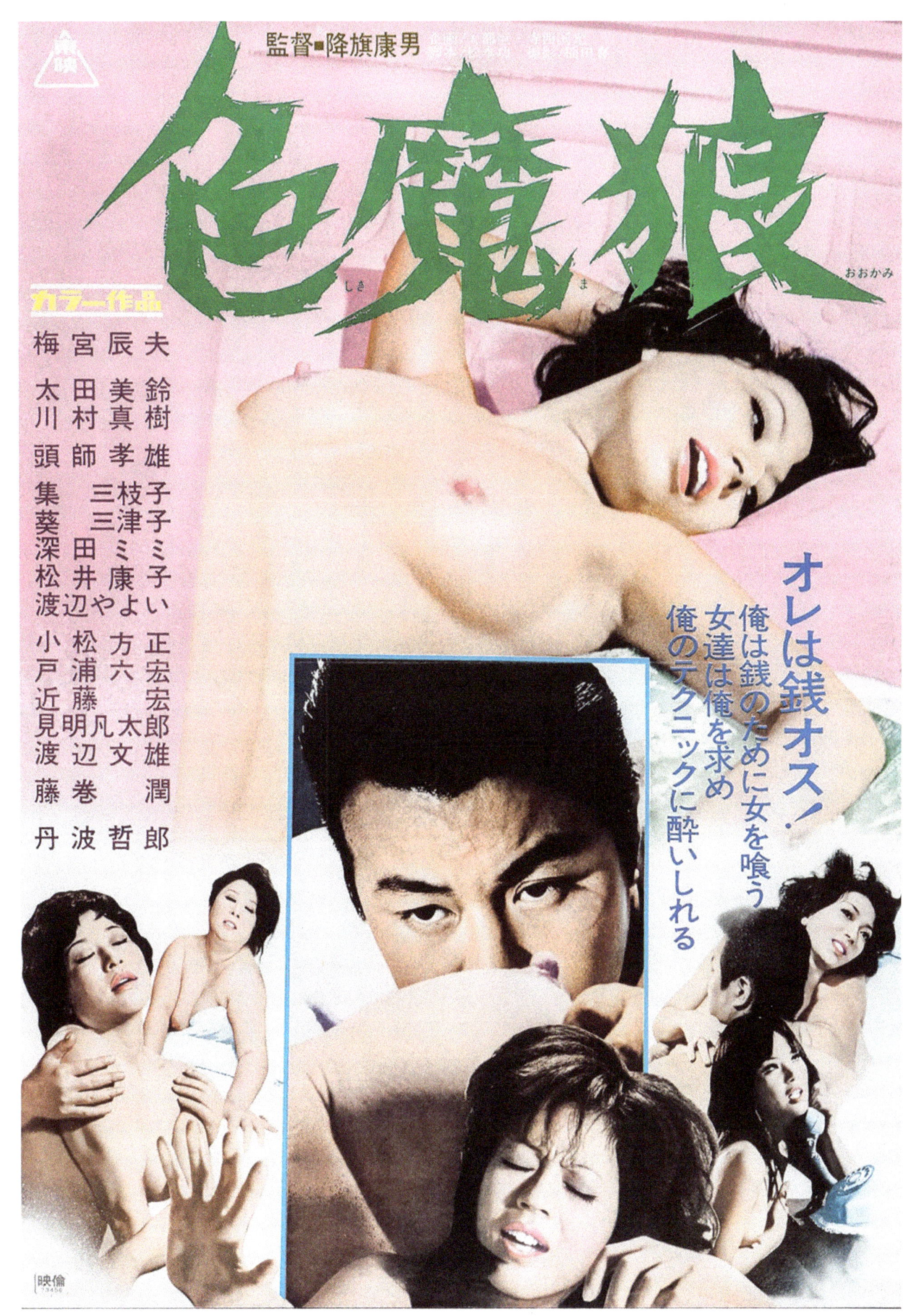

監督■降旗康男
色魔狼
しき ま おおかみ
カラー作品
夫 鈴樹雄子子ミ子い 正宏宏郎雄潤郎
辰 美真孝枝津ミ康よ 方六太文
宮 田村師三三田井辺 松浦藤明辺巻波哲
梅 太川頭集葵深松渡 小戸近見渡藤丹
オレは銭オス！
俺は銭のために女を喰う
女達は俺を求め
俺のテクニックに酔いしれる
映倫

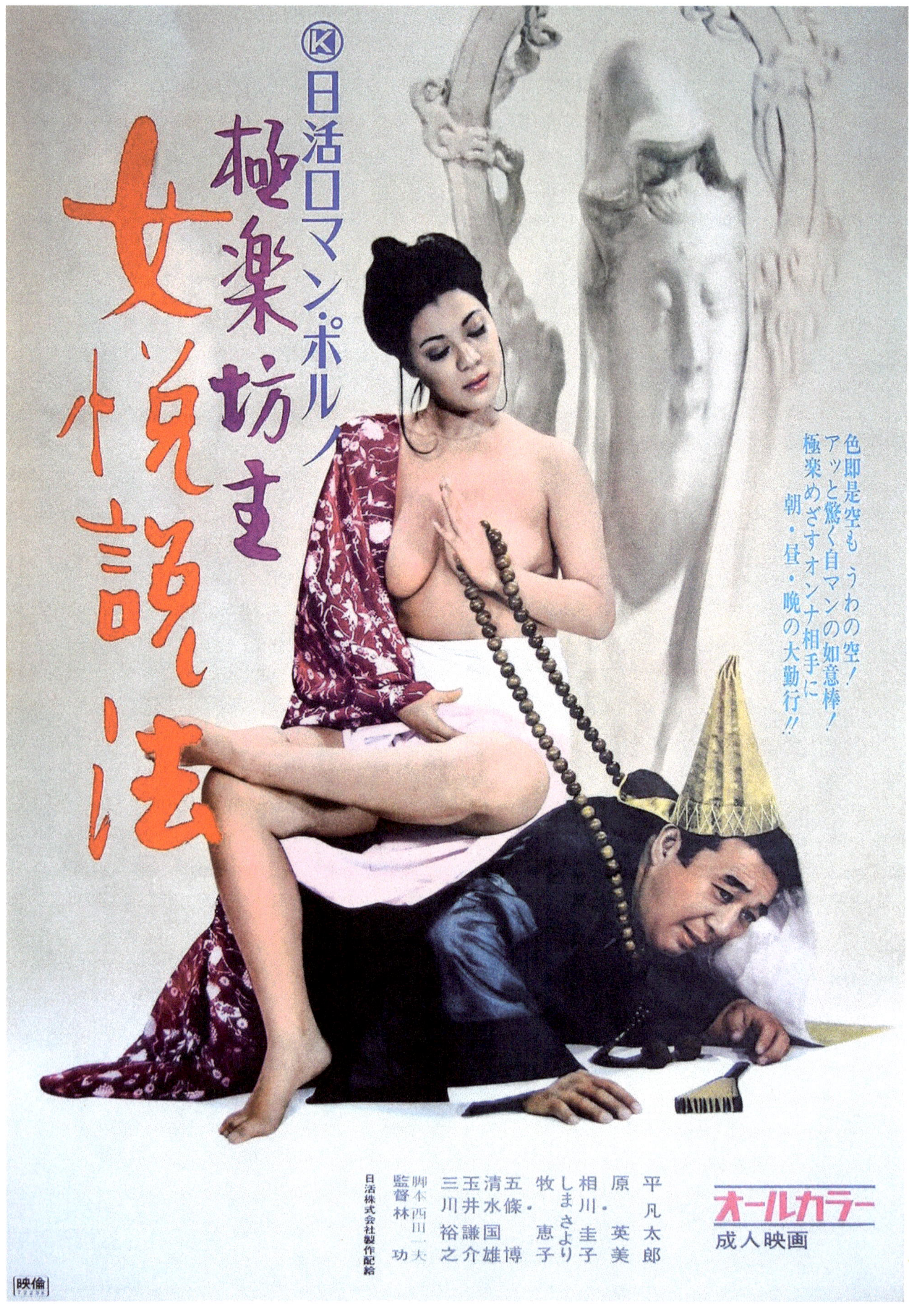

GOKURAKU BOZU NYOEYSU SEPPO

(1972)

36

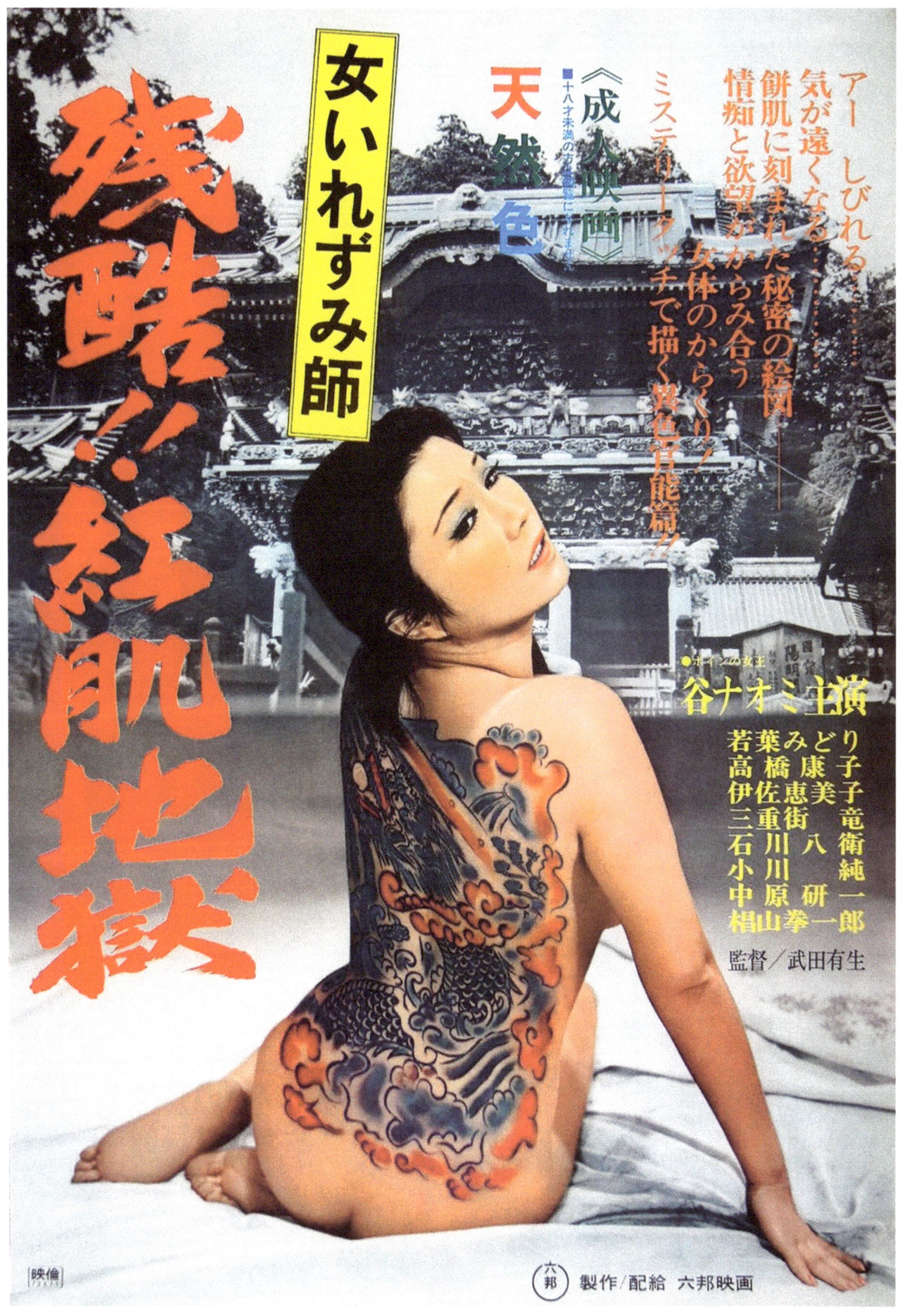

ONNA IREZUMI-SHI ZANKOKU BENI HADA JIGOKU

(1972)

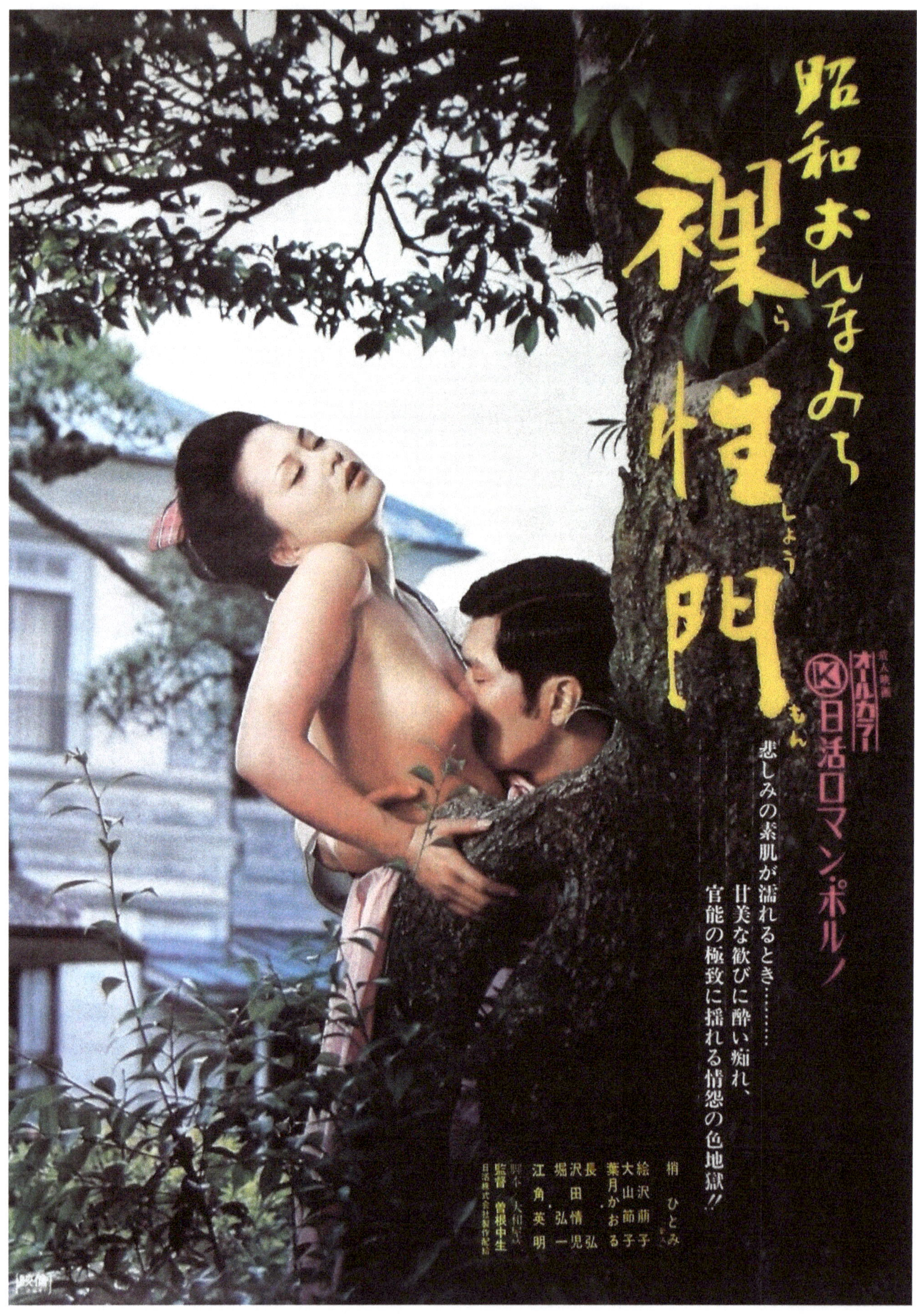

SHOWA ONNAMICHI RASHOMON
(1972)

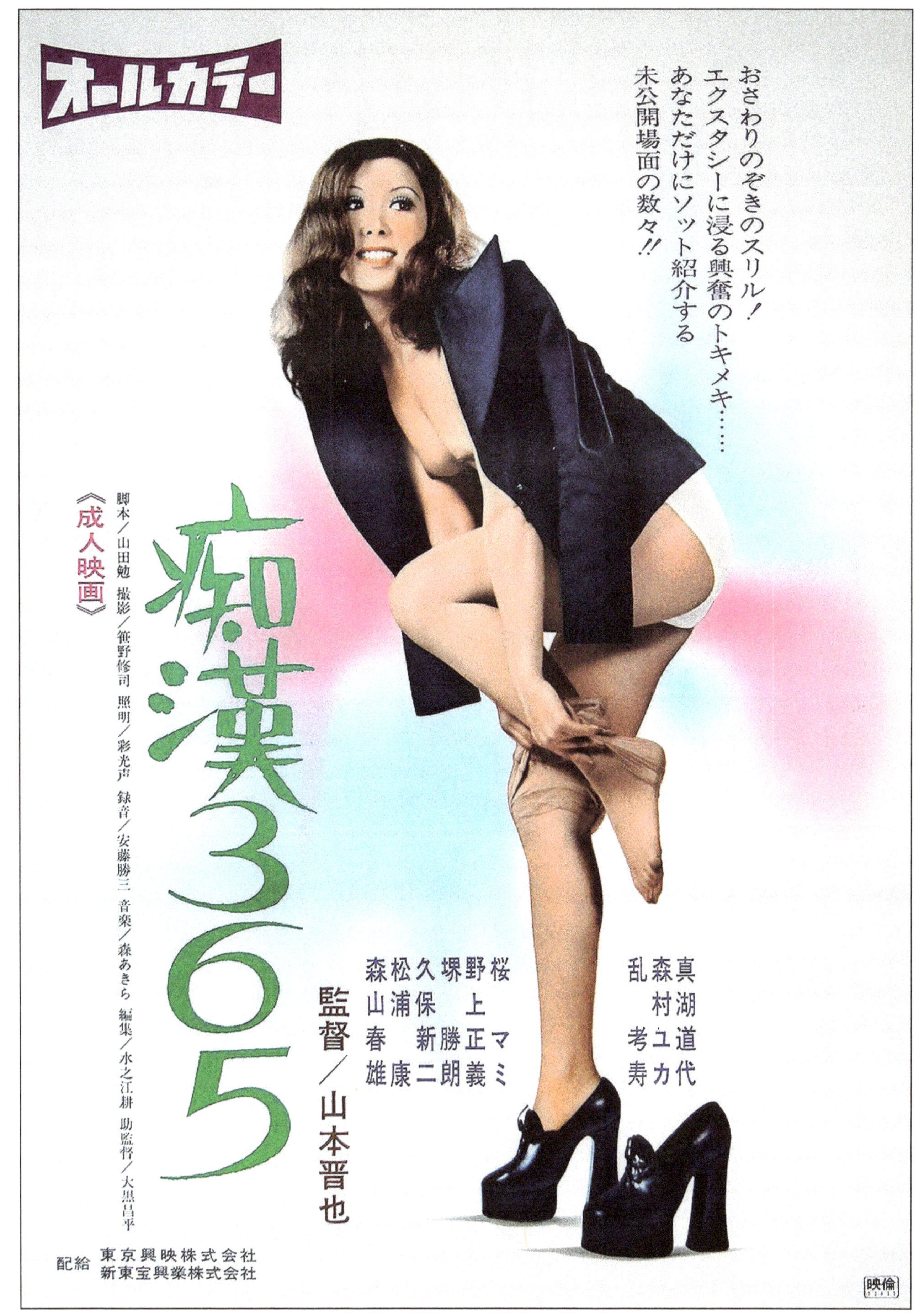

CHIKAN 365

(1972)

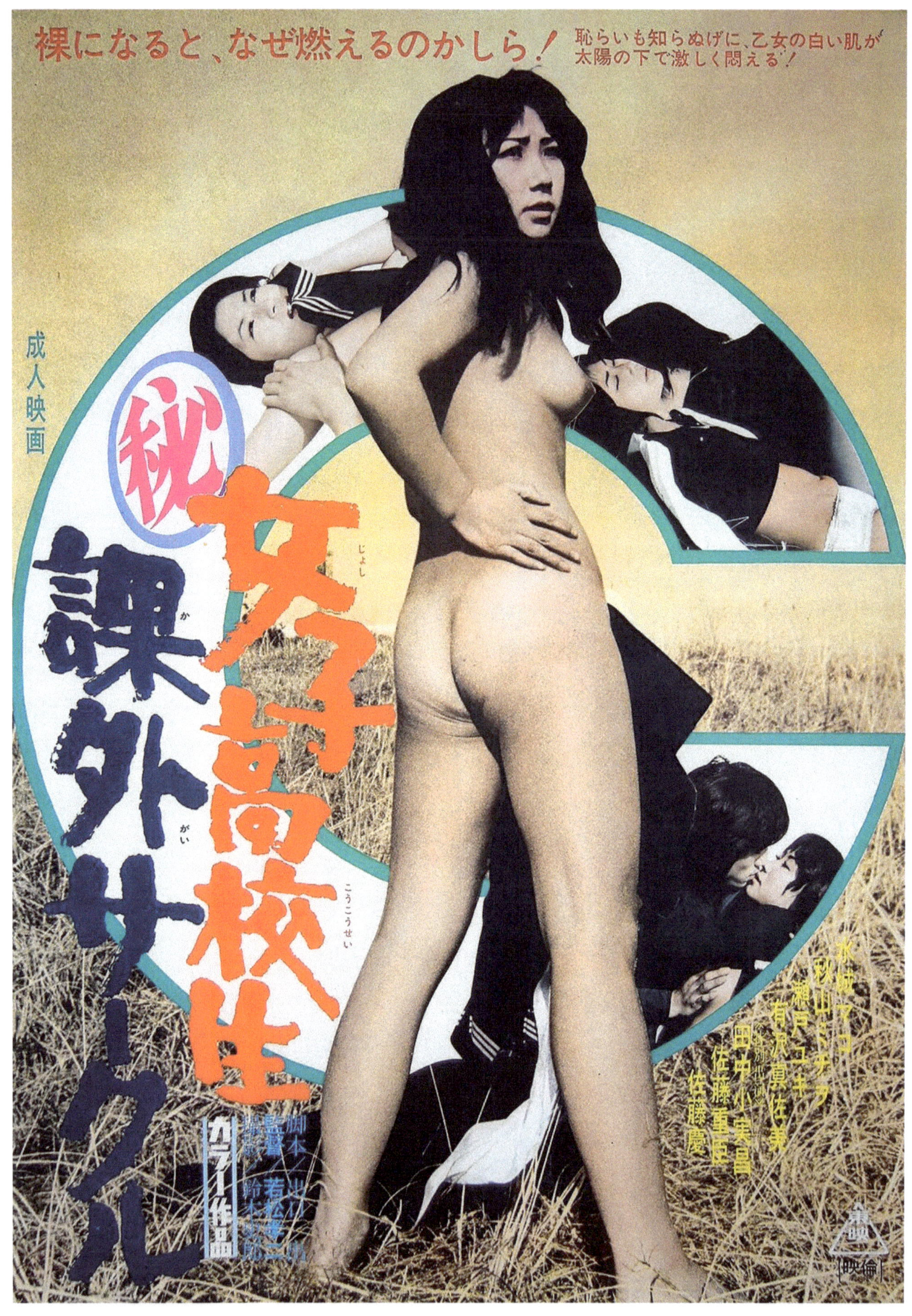

MARUHI JOSHIKOSEI KAGAI CIRCLE
(1973)

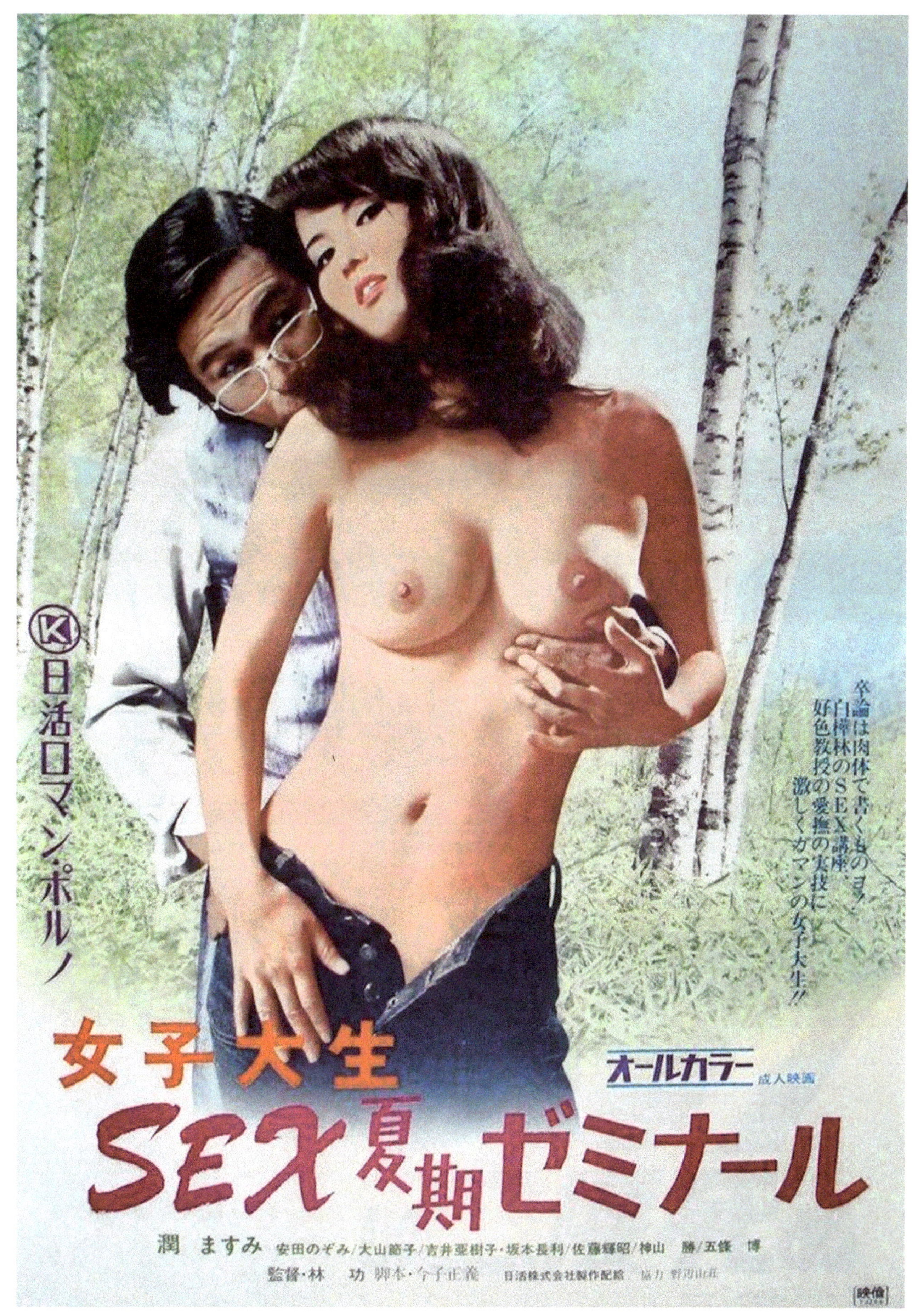

JOSHIDAISEI SEX KAKI SEMINAR
(1973)

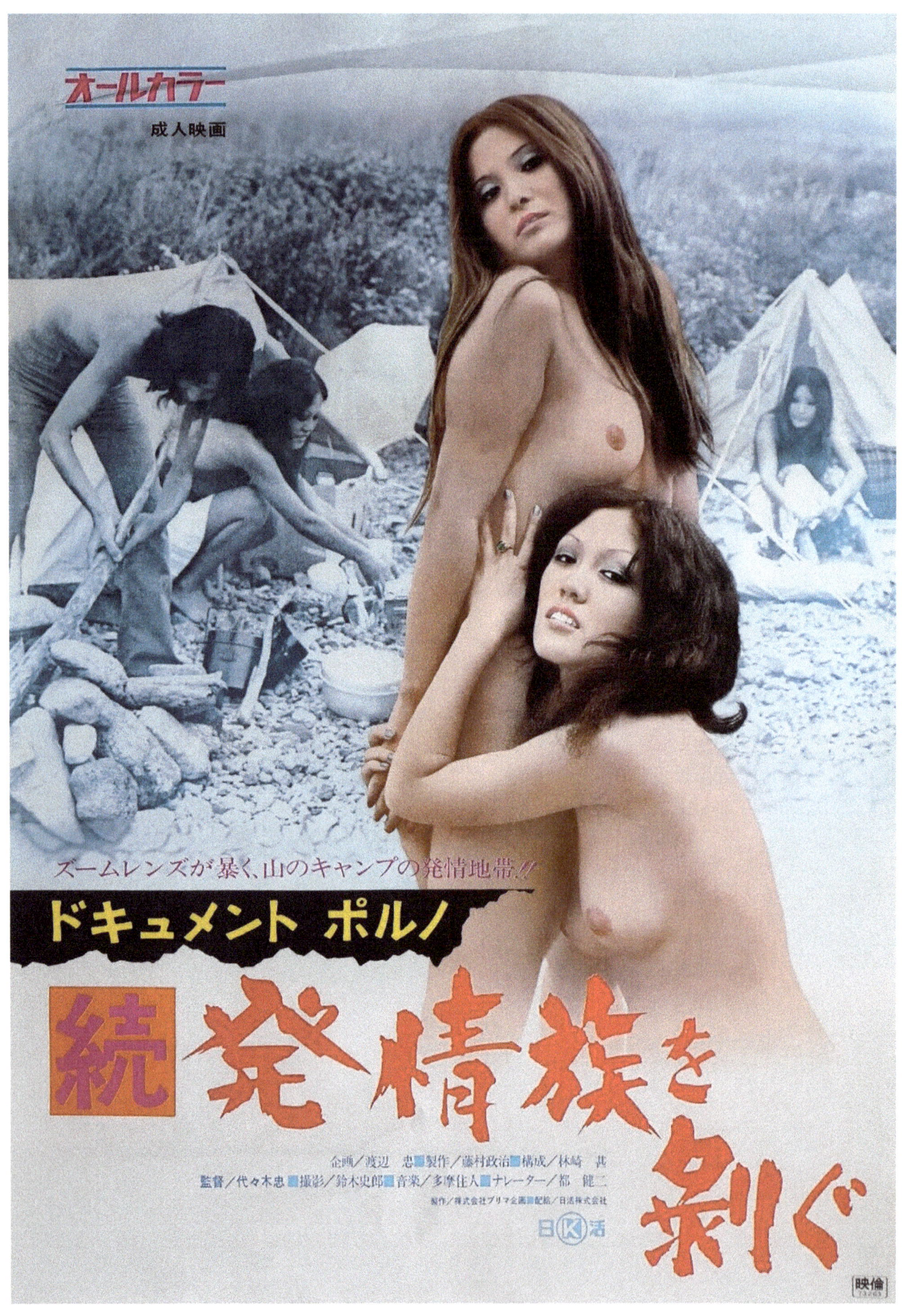

DOKYUMENTO PORUNO HATSUJO-ZOKU O HAGU
(1973)

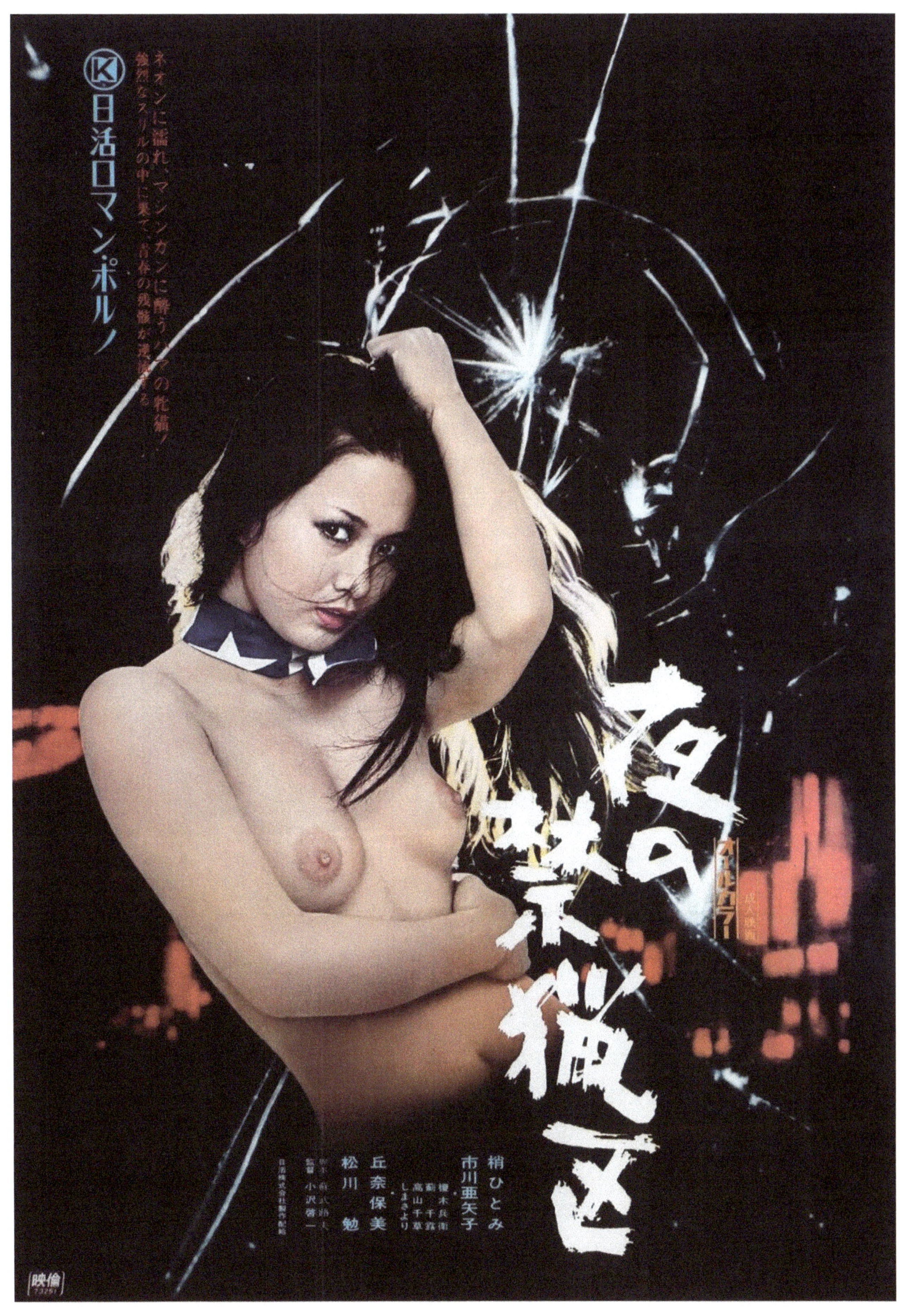

YORU NO KINRYO-KU
(1973)

43

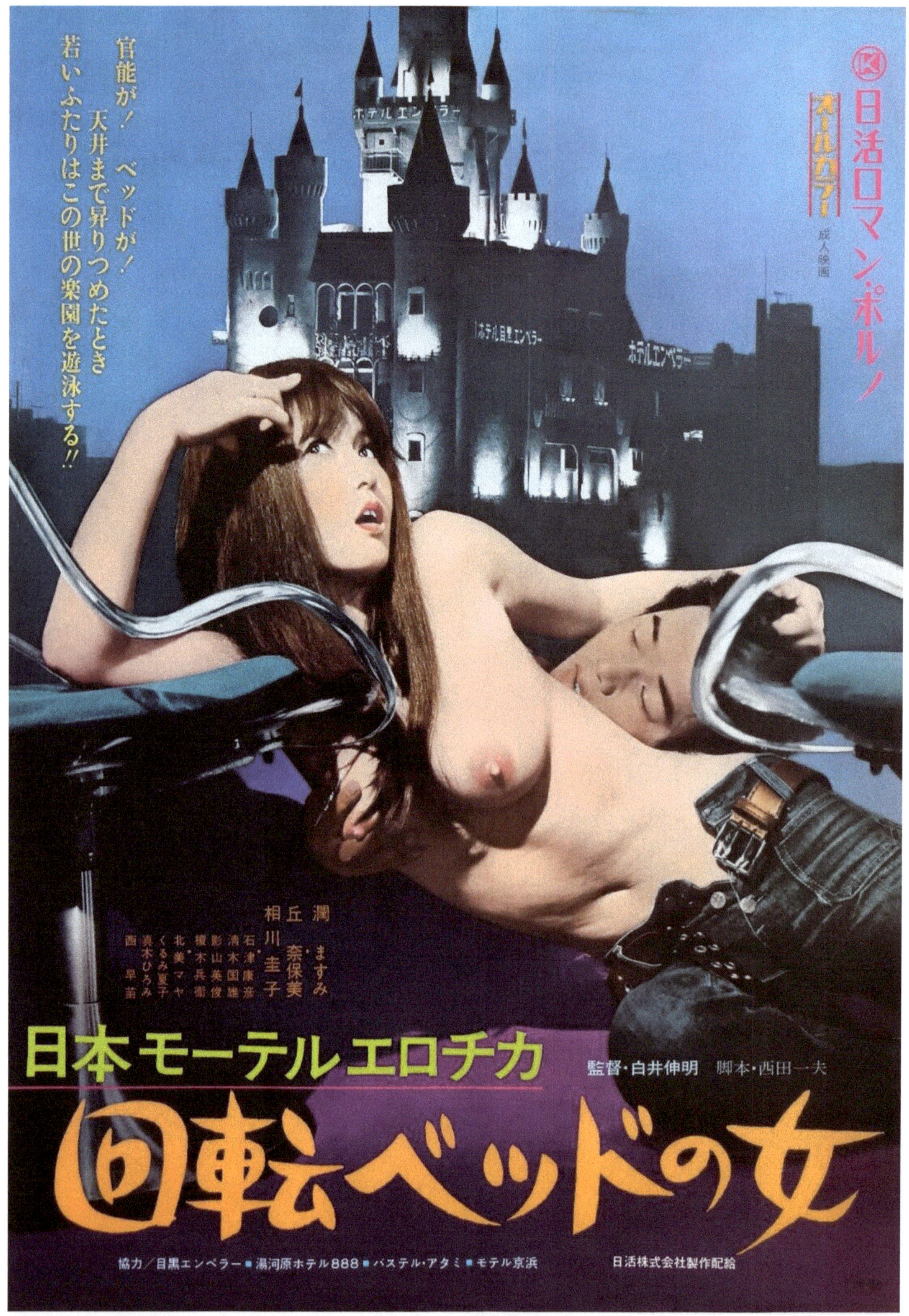

NIPPON MOTERU EROCHIKA KAITEN BEDDO NO ONNA

(1974)

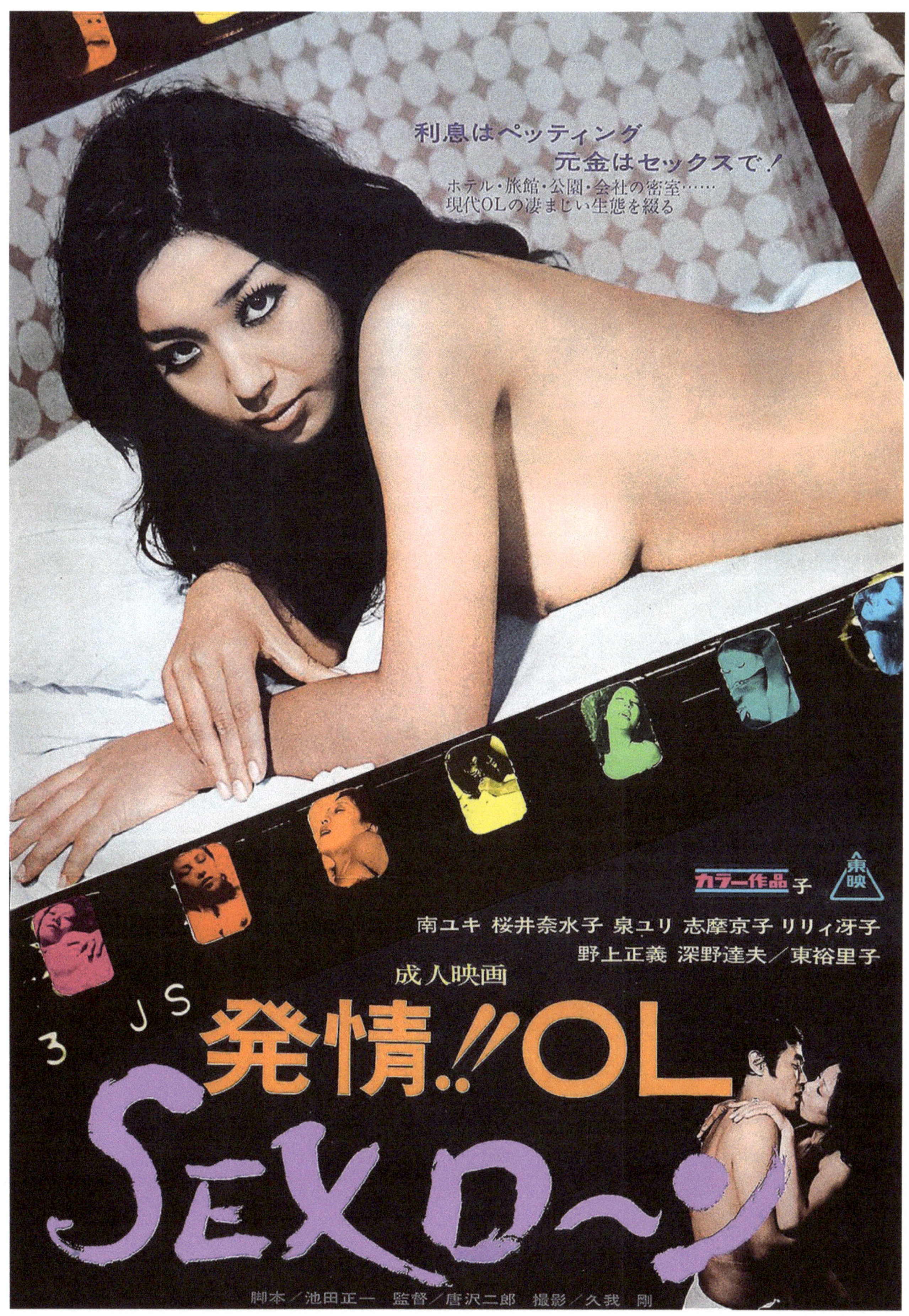

HATSUJO!! OL SEX-RON
(1974)

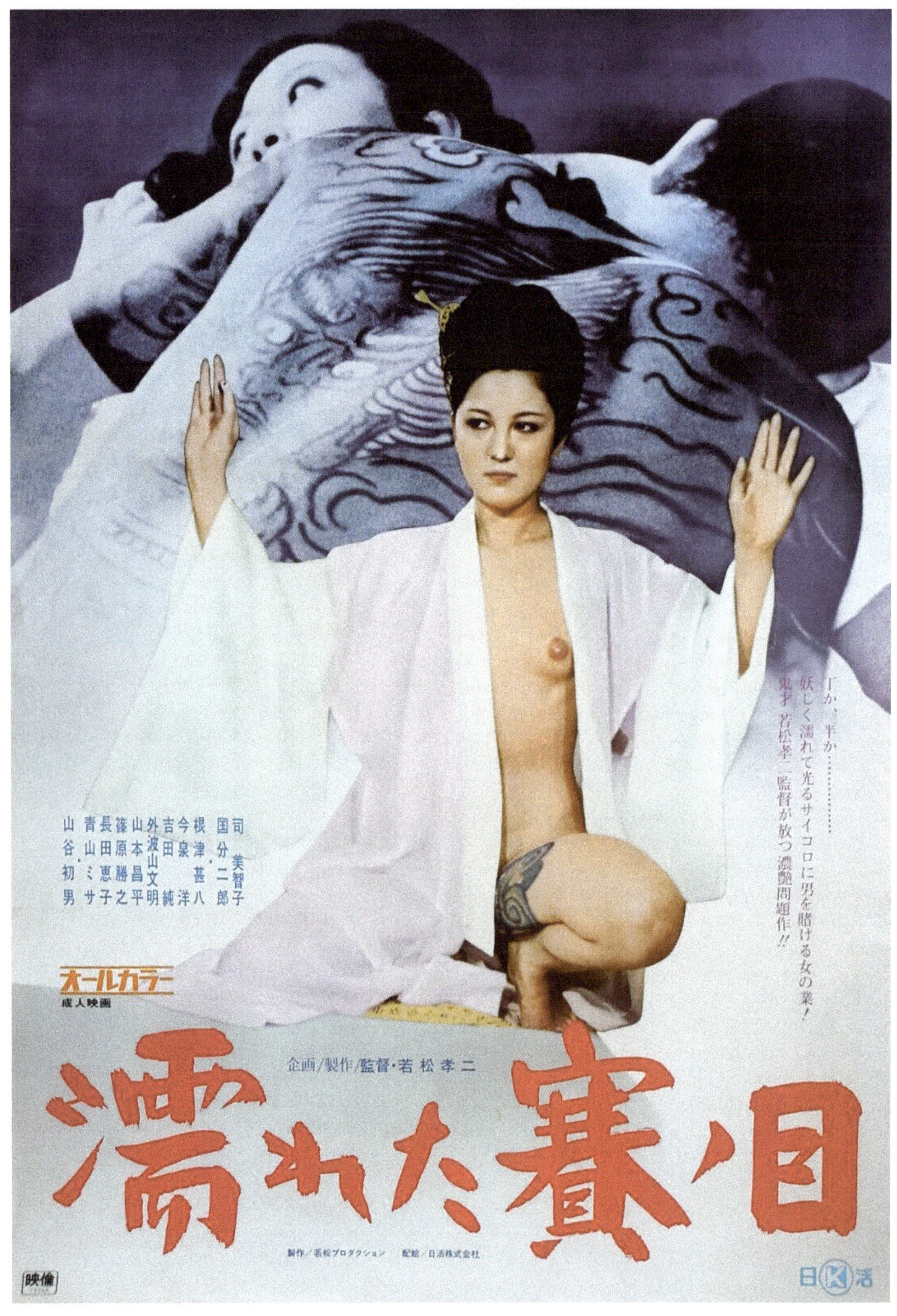

NURERA SAIU NO ME
(1974)

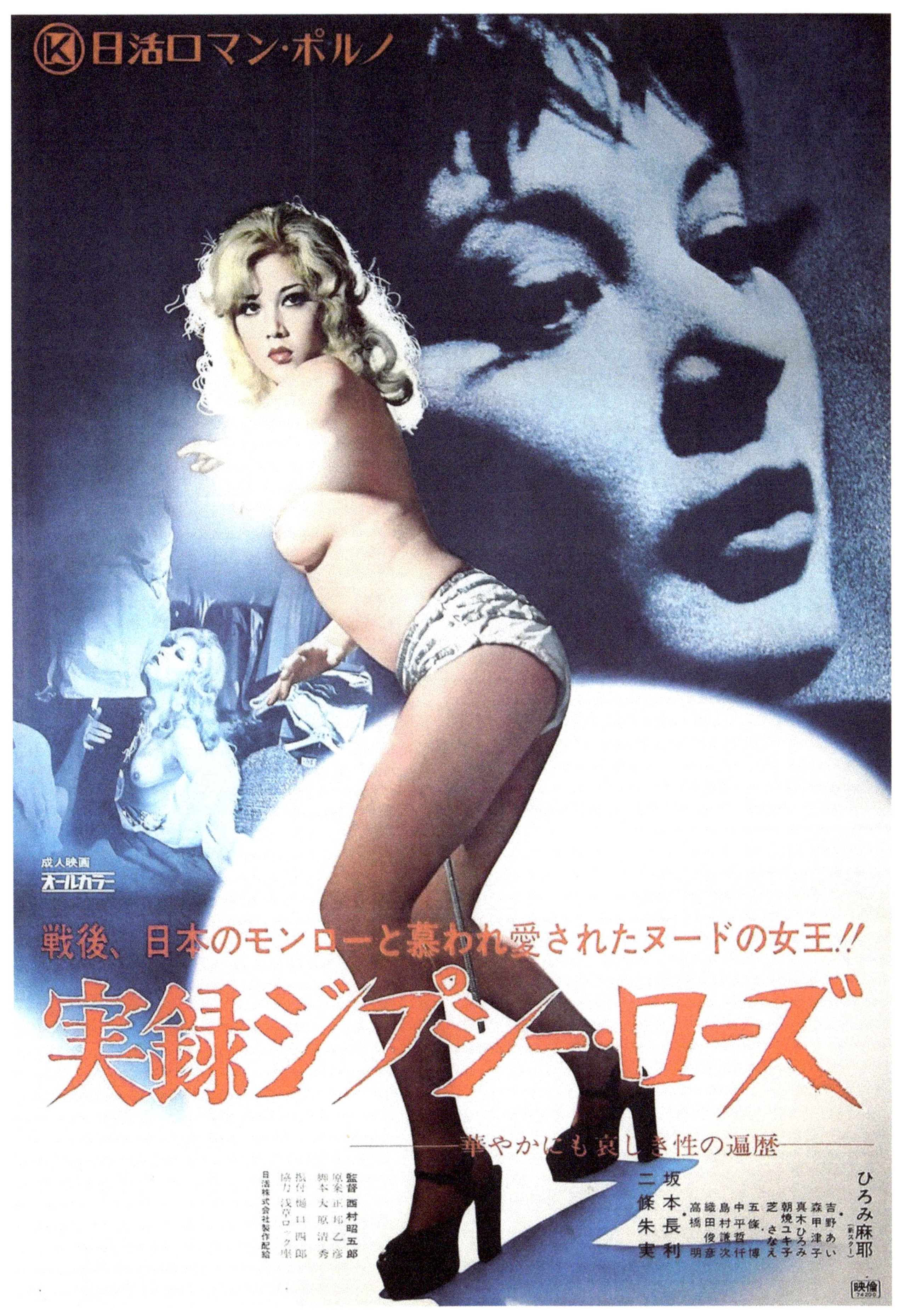

JITSUROKU GYPSY ROSE
(1974)

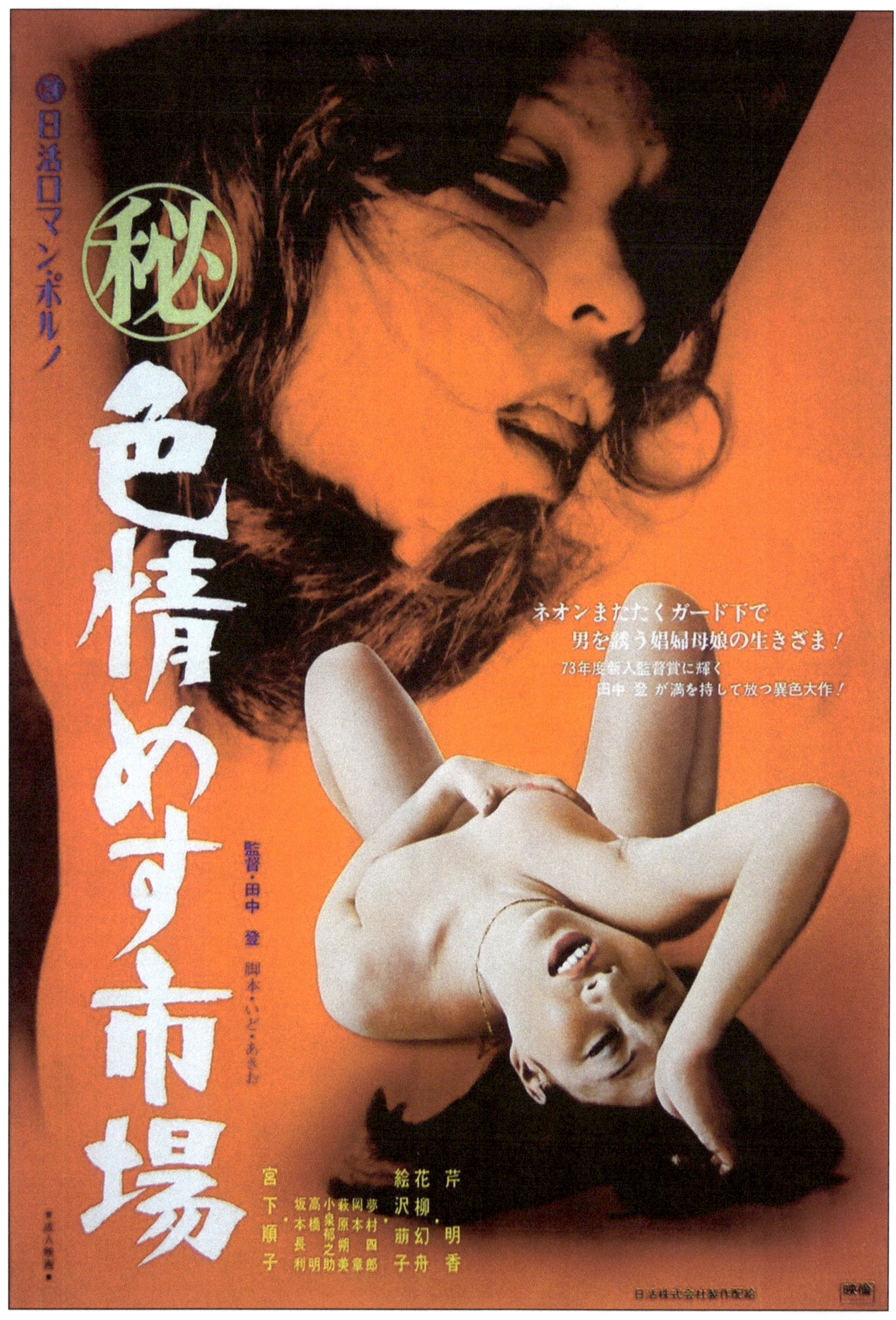

MARUHI SHIKIJO MESU ICHINA
(1974)

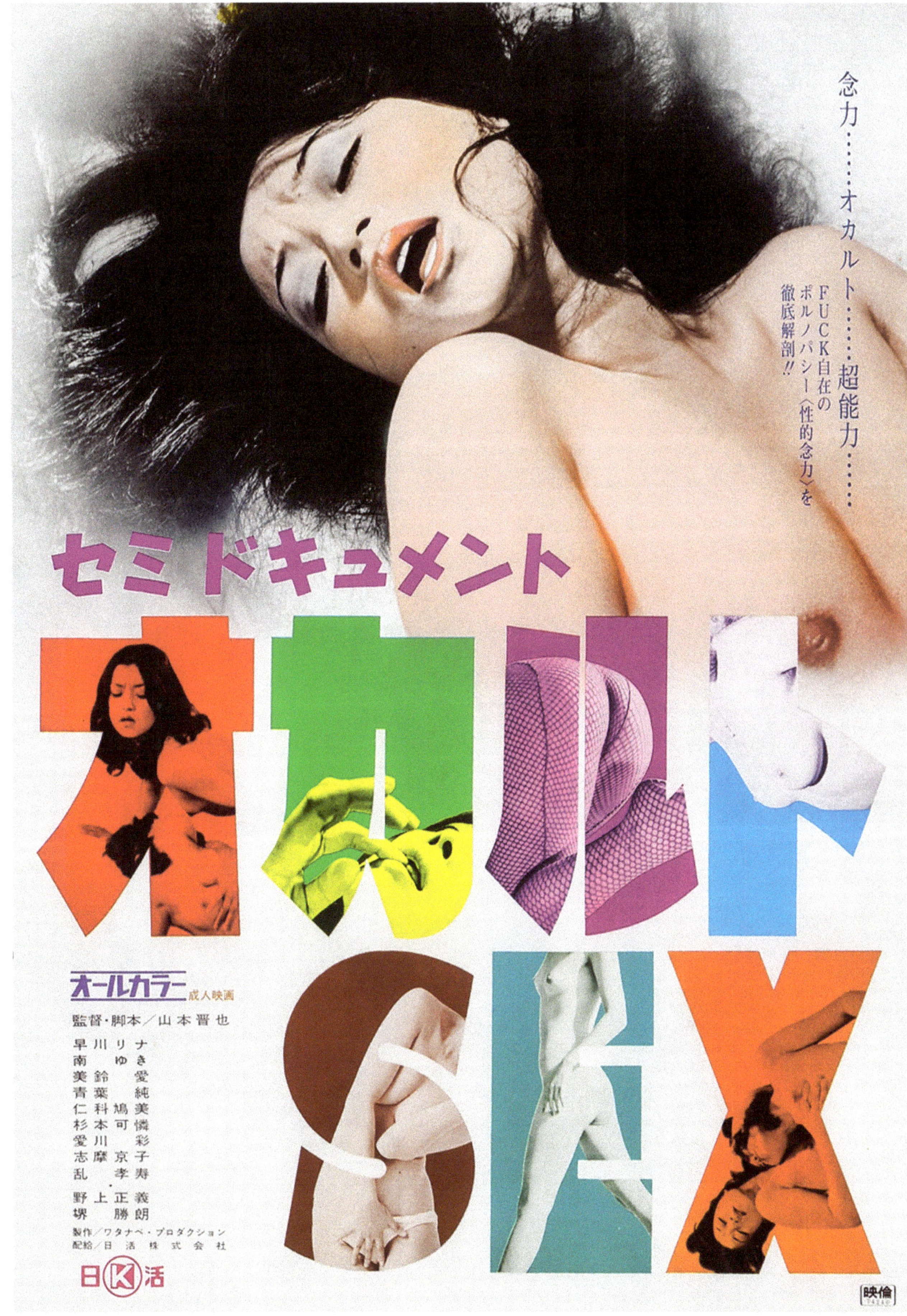

SEMI-DOYUMENTO OCCULT SEX
(1974)

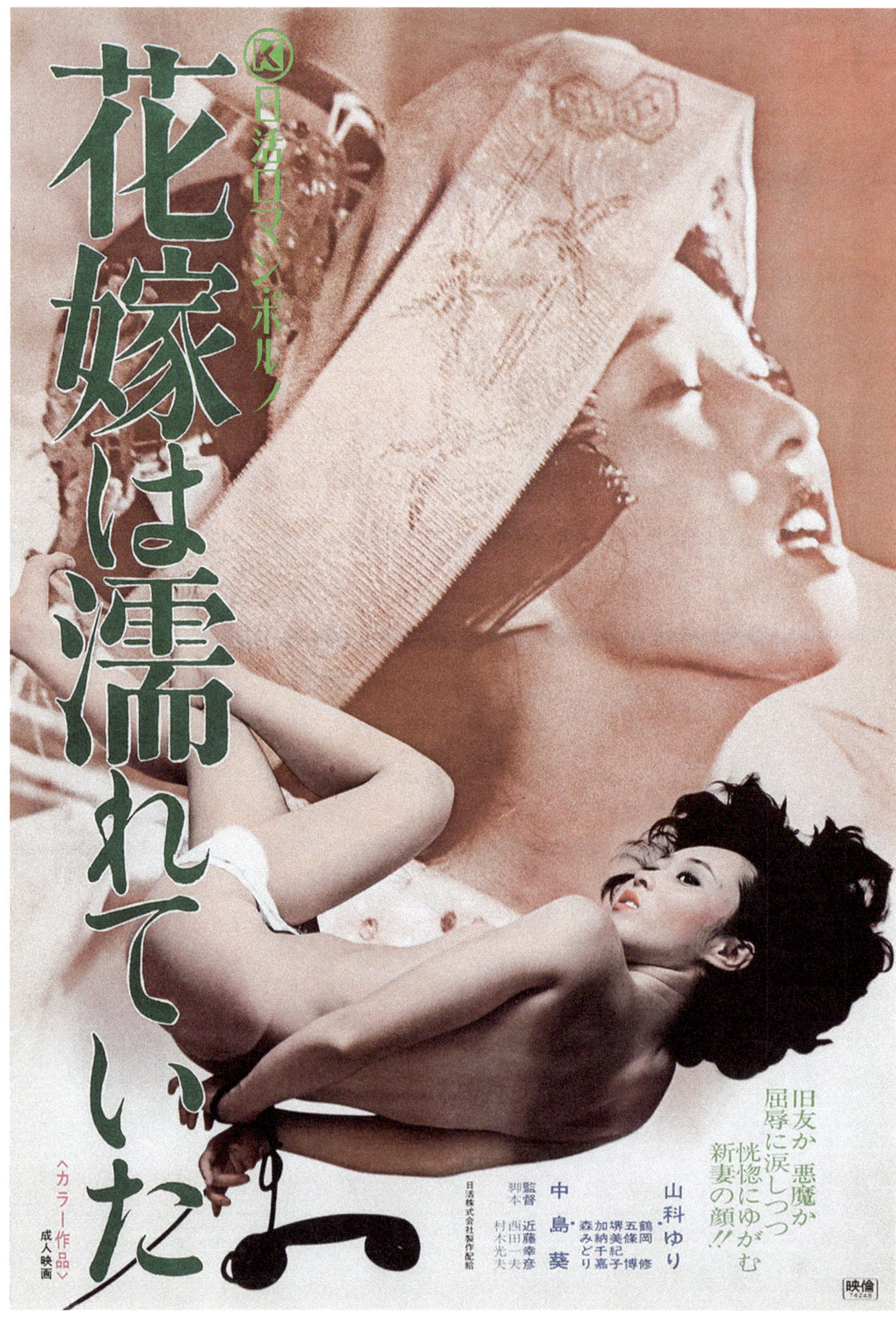

HANAYOME WA NURETA

(1974)

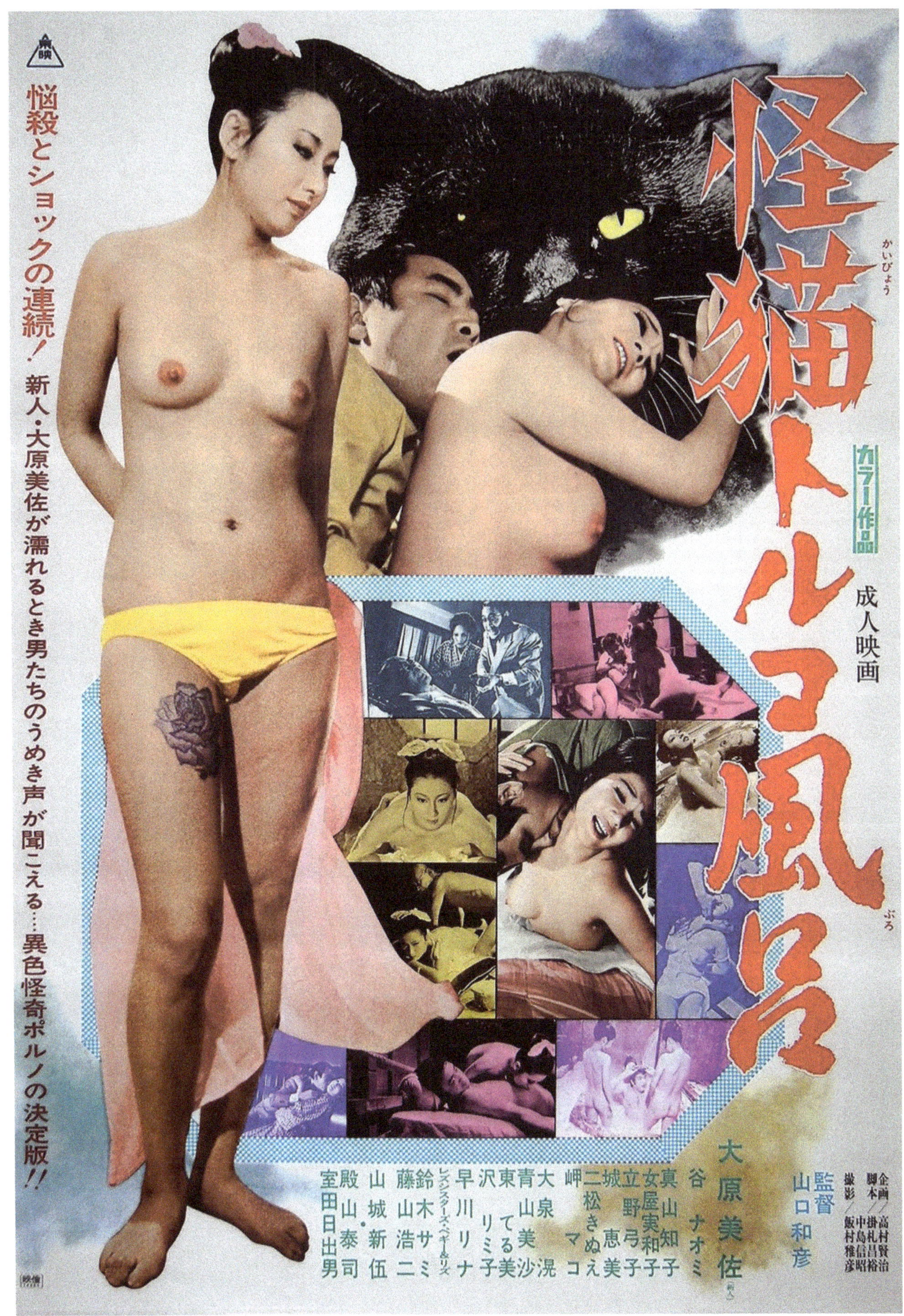
怪猫トルコ風呂
かいびょう
ぶろ
カラー作品
成人映画
悩殺とショックの連続！
新人・大原美佐が濡れるとき男たちのうめき声が聞こえる…異色怪奇ポルノの決定版!!
企画 高村賢治
脚本 掛札昌裕
撮影 飯村信昭
中島信昭
飯村雅彦
監督 山口和彦
大原美佐
谷 ナオミ
真山知子
女屋実和子
立野弓子
二松恵美子
城きぬ子
岬 マコ
大泉 滉
青山美沙
東てる美
沢リミ子
早川リナ
レスリングベビー＆リス
鈴木新伍
藤山浩二
山城・新伍
殿山泰司
室田日出男

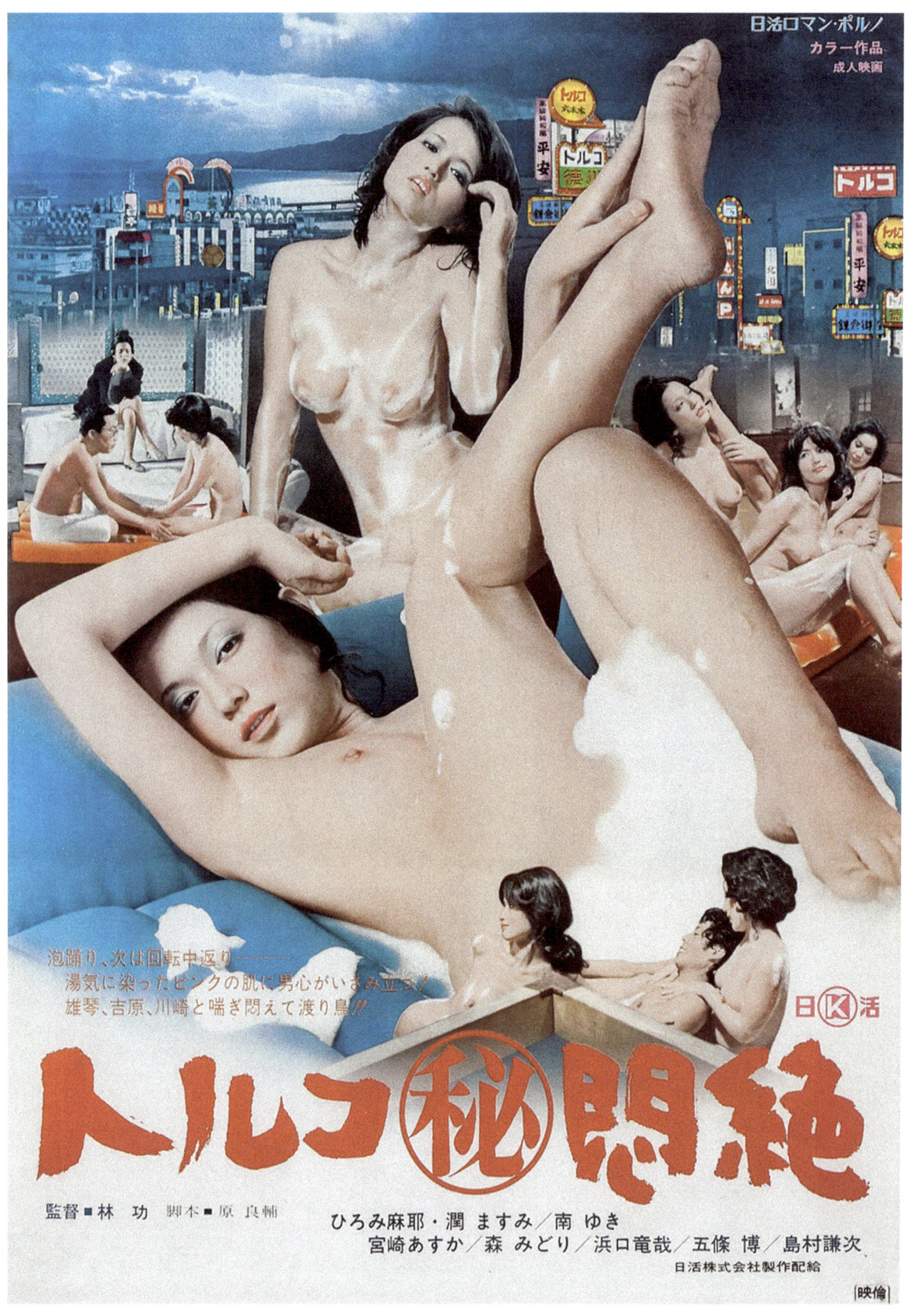

TORUKO MARUHI SAIZENSEN
(19??)

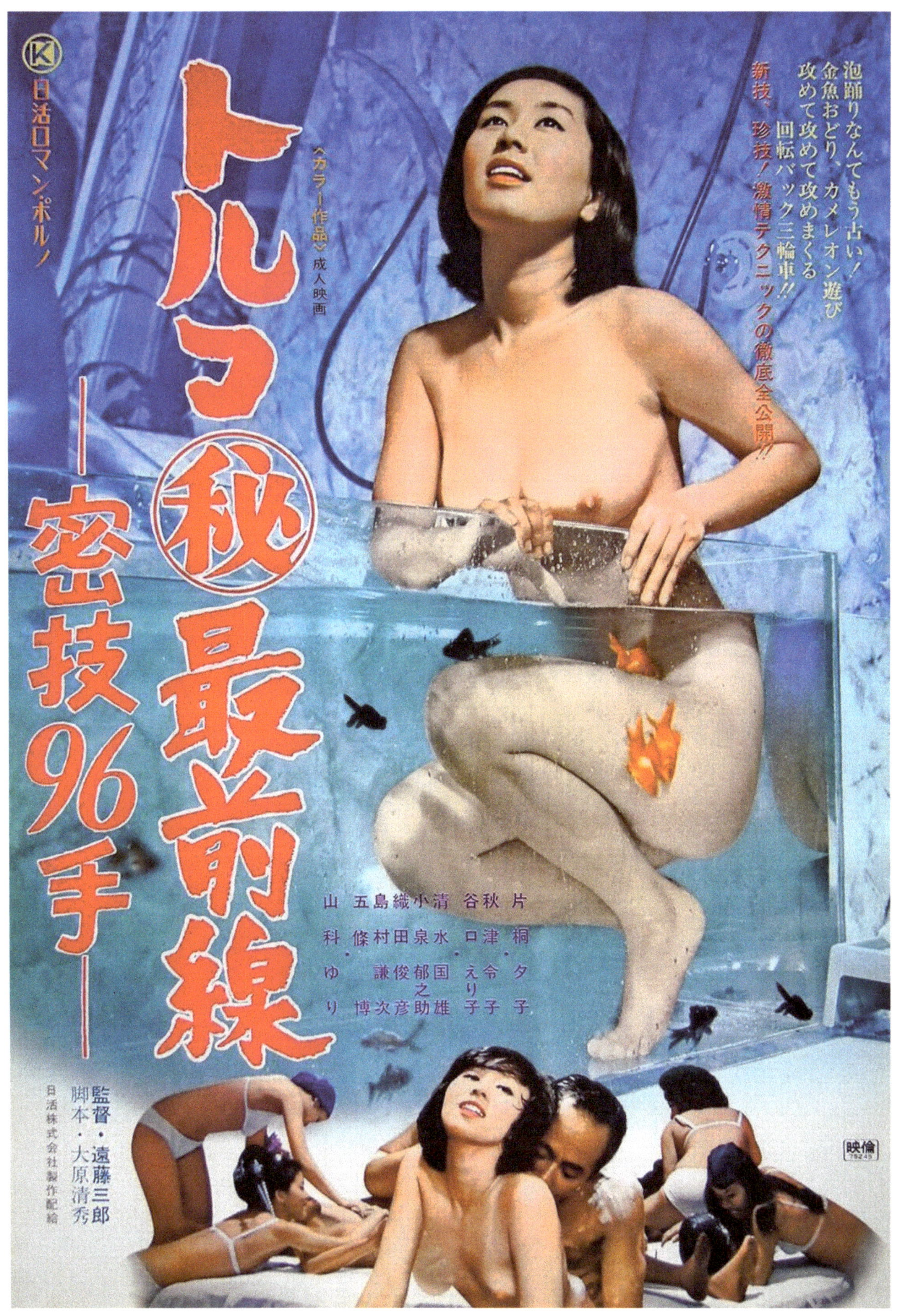

日活ロマンポルノ
〈カラー作品〉成人映画
トルコ㊙最前線
―密技96手―
泡踊りなんてもう古い！
金魚おどり、カメレオン遊び
攻めて攻めて攻めまくる
回転バック三輪車！！
新技、珍技！激情テクニックの徹底全公開！！
片桐夕子
秋津令子
谷口えり子
清水国雄
小泉郁助
織田俊之
五條謙次
山科ゆり博
監督・遠藤三郎
脚本・大原清秀
日活株式会社製作配給
映倫
76245

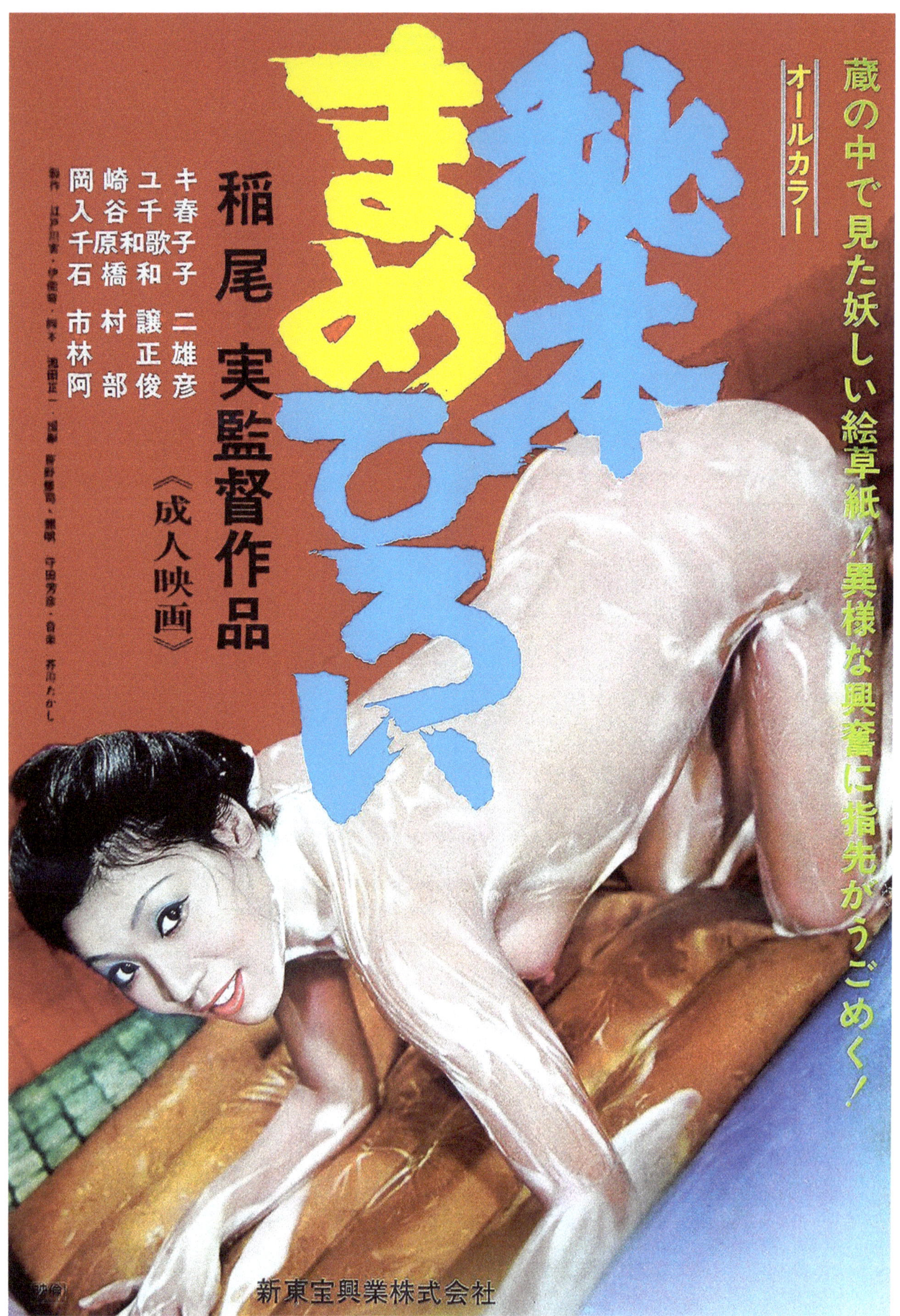
オールカラー
蔵の中で見た妖しい絵草紙！異様な興奮に指先がうごめく！
秘本
まめひろい
稲尾 実 監督作品
《成人映画》
キ春子子 二雄彦
ユ千歌和 譲正俊
崎谷原橋 村部
岡入千石 市林阿
製作・江戸川實・伊能嘉
脚本・池田正一
撮影・阿野慶司・照明
守田芳彦・音楽・芥治たかし
新東宝興業株式会社

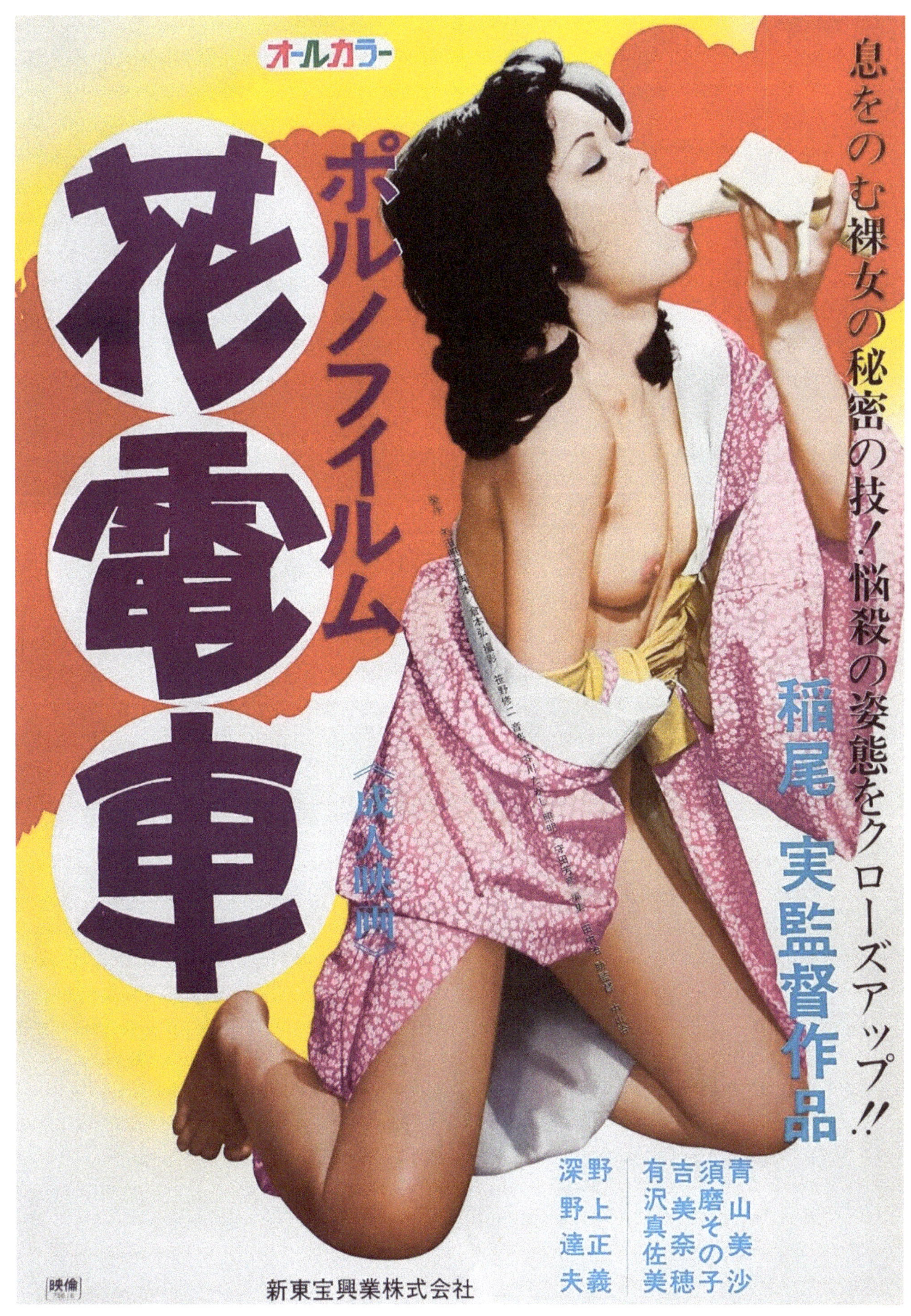

PORUNO FILM HANA DENSHA
(1975)

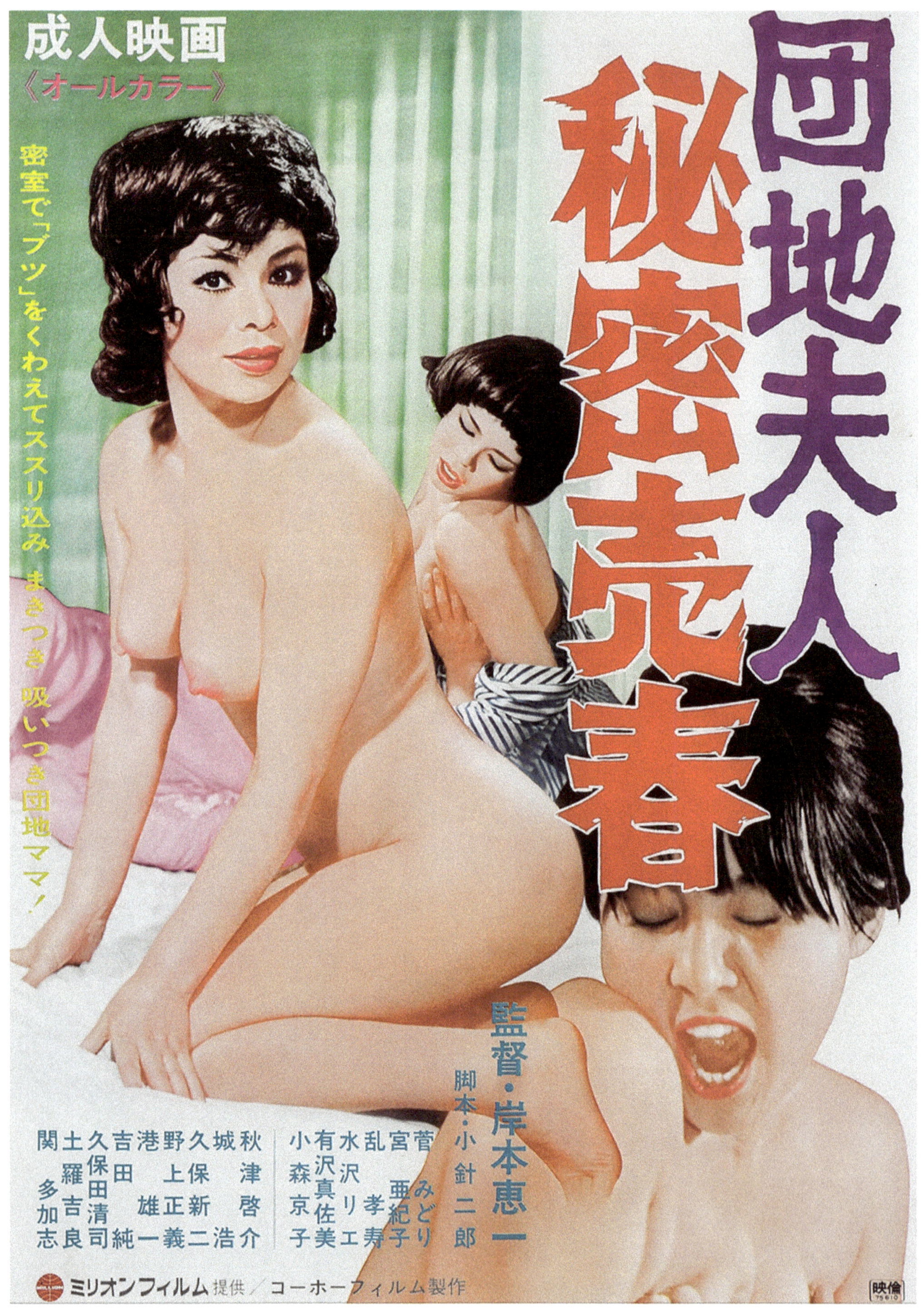

DANCHIFUJIN HIMITSU BAISHUN

(1975)

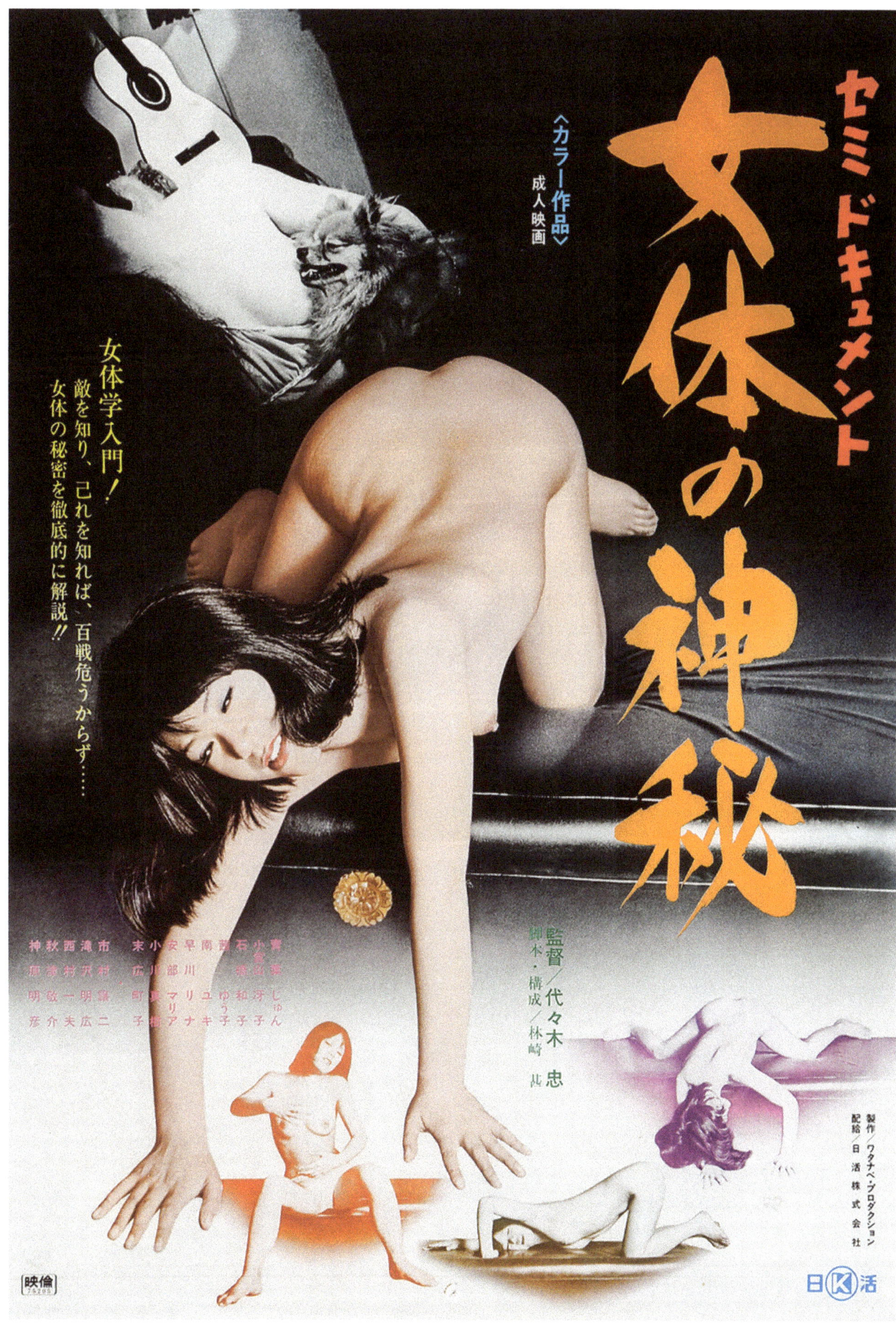

SEMI-DOKYUMENTO NYOTAI NO SHINPI
(1975)

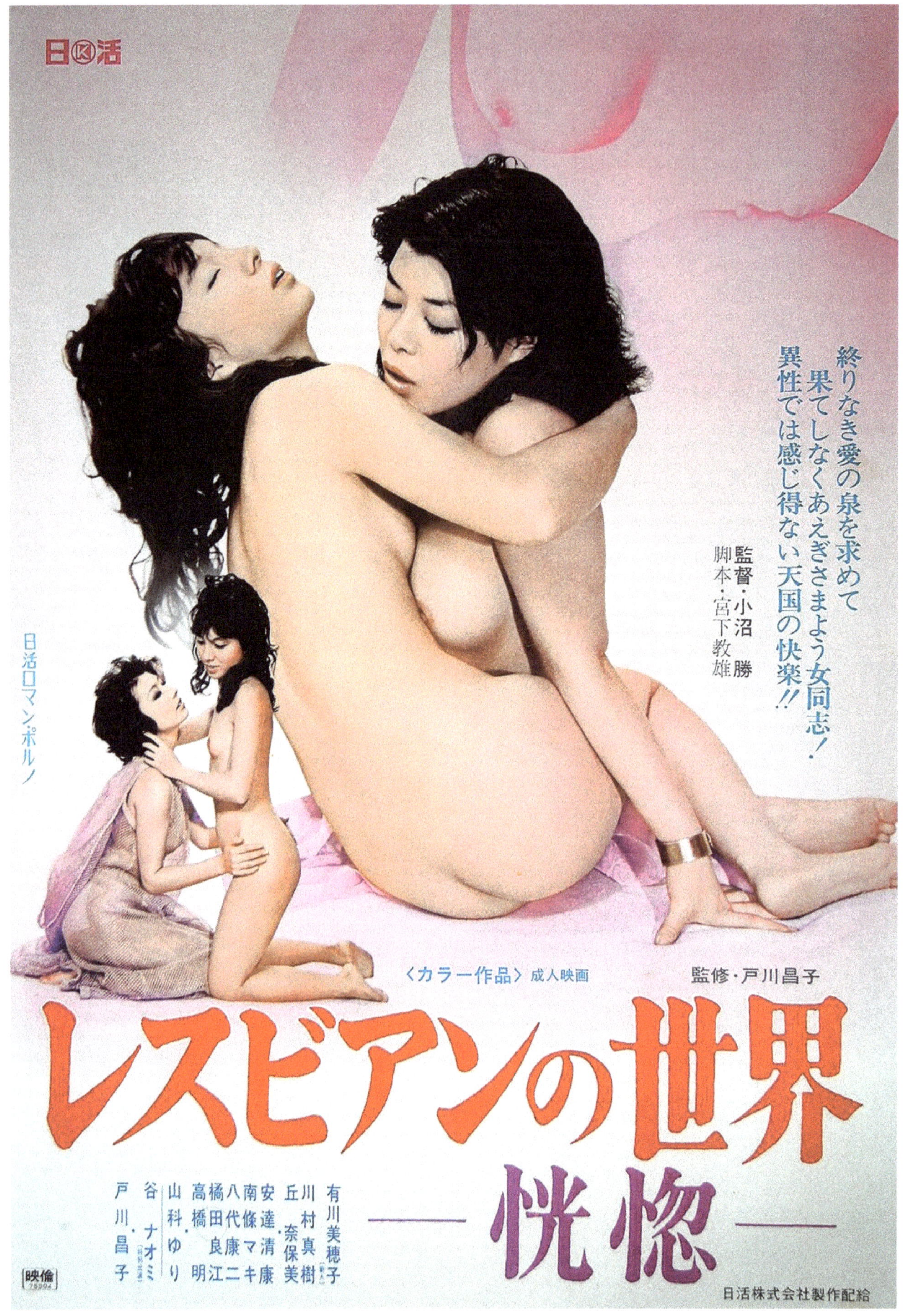

RESUBIAN NO SEKAI KOKOTSU
(1975)

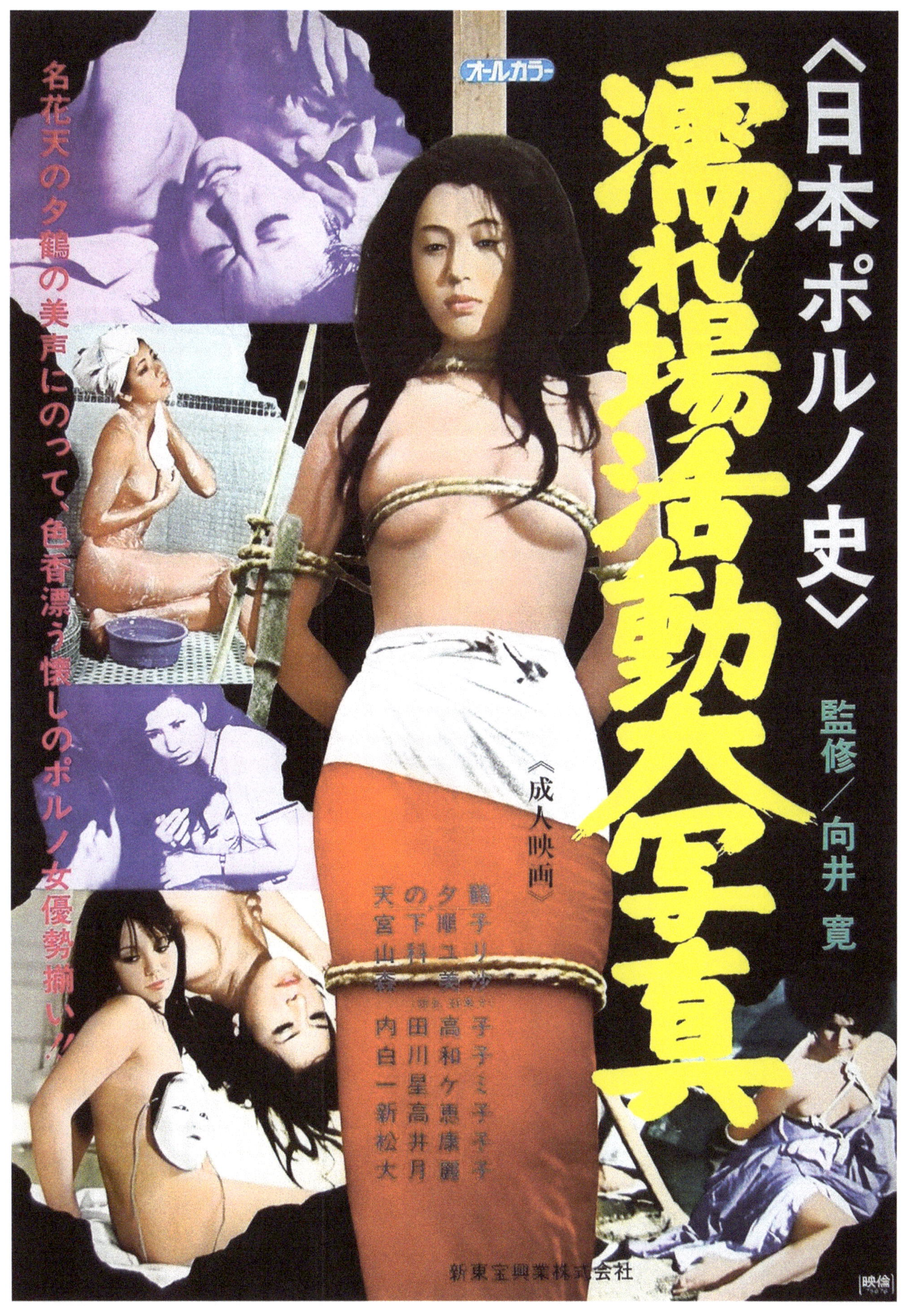

NIPPON PORUNO-SHI NUREBA KATSUDO DAISHASHIN

(1975)

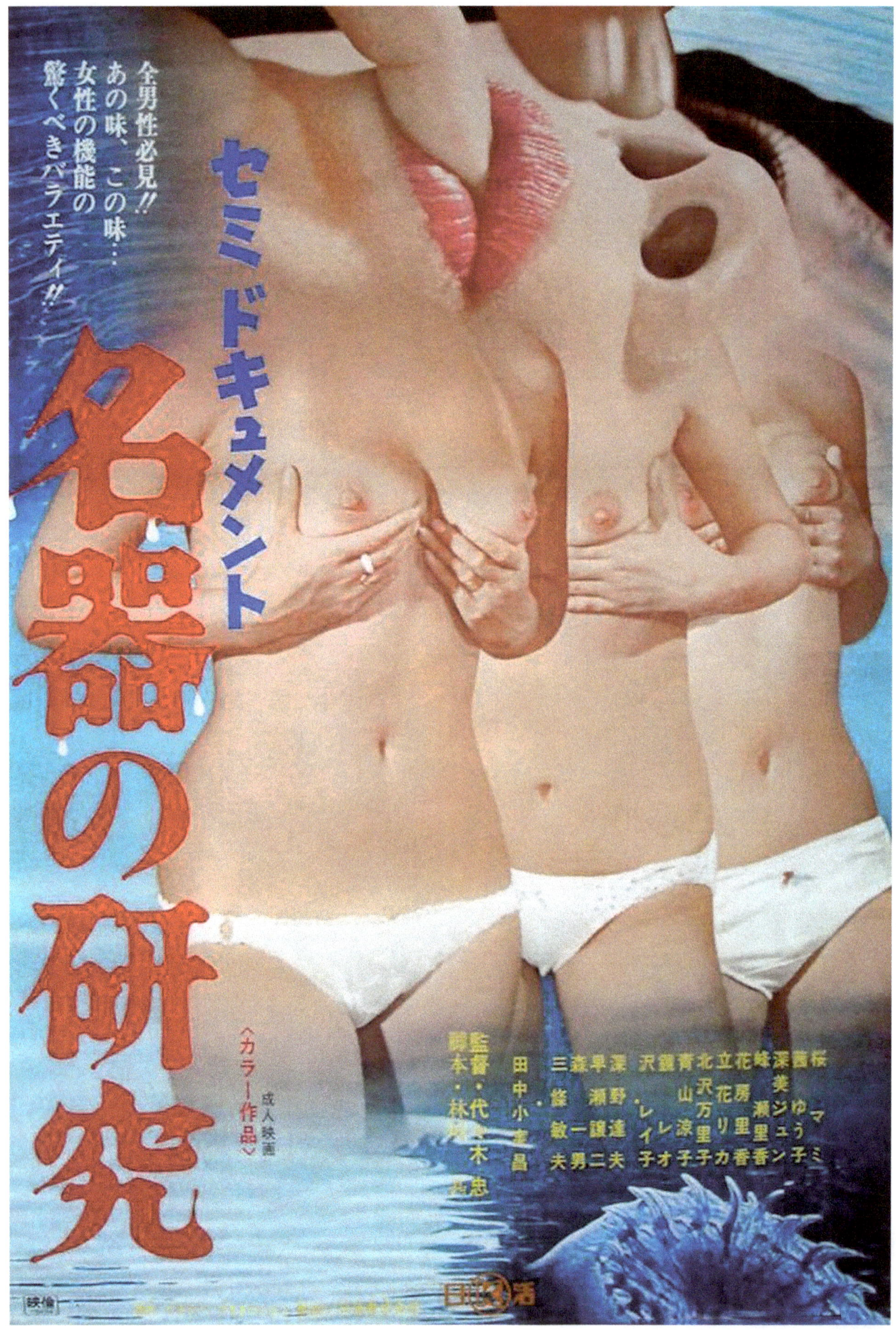

SEMI-DOKYUMENTO MEIKI NO KENKYU
(1975)

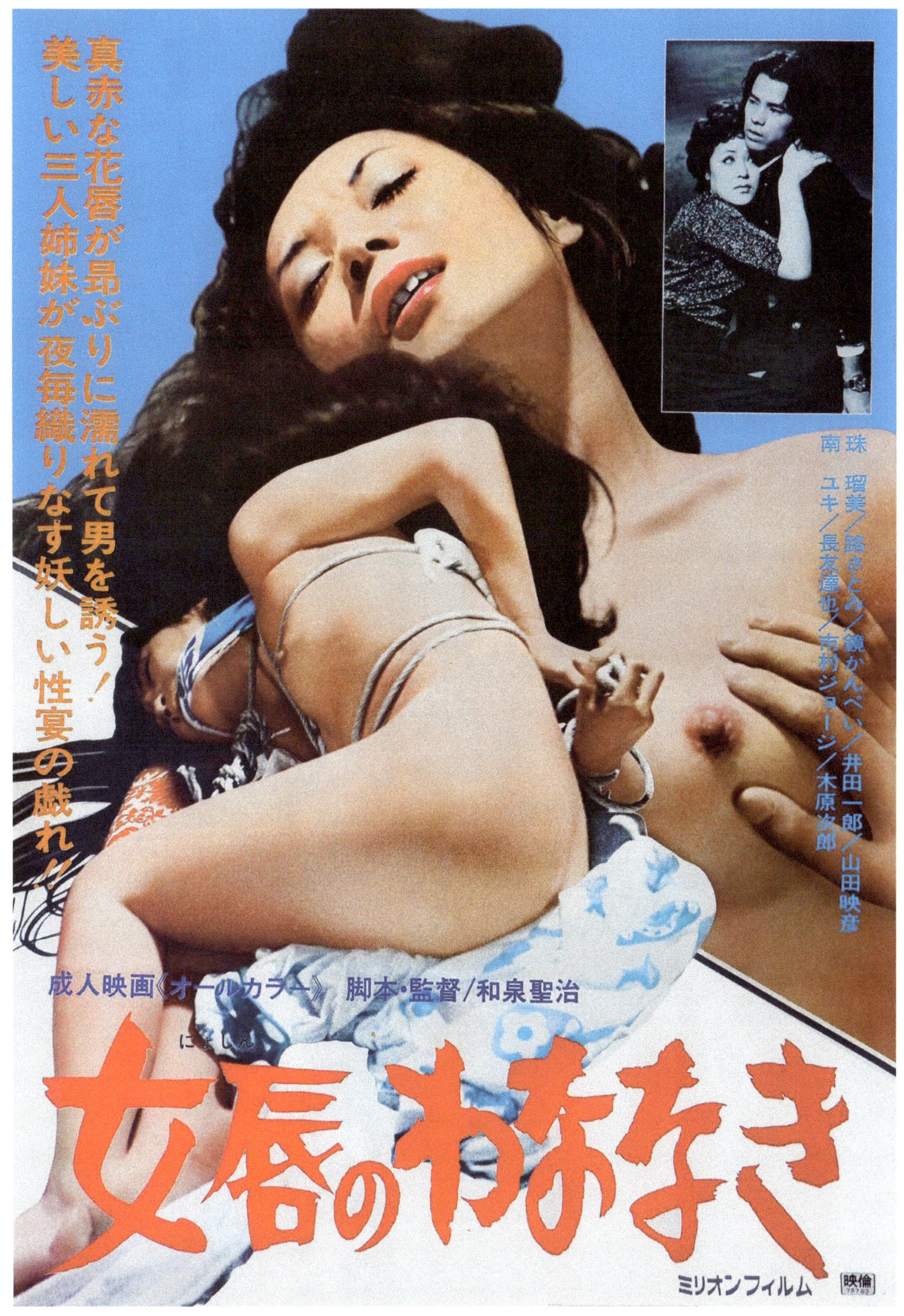

ONNA KUCHIBIRU NO WANANAKI
(1975)

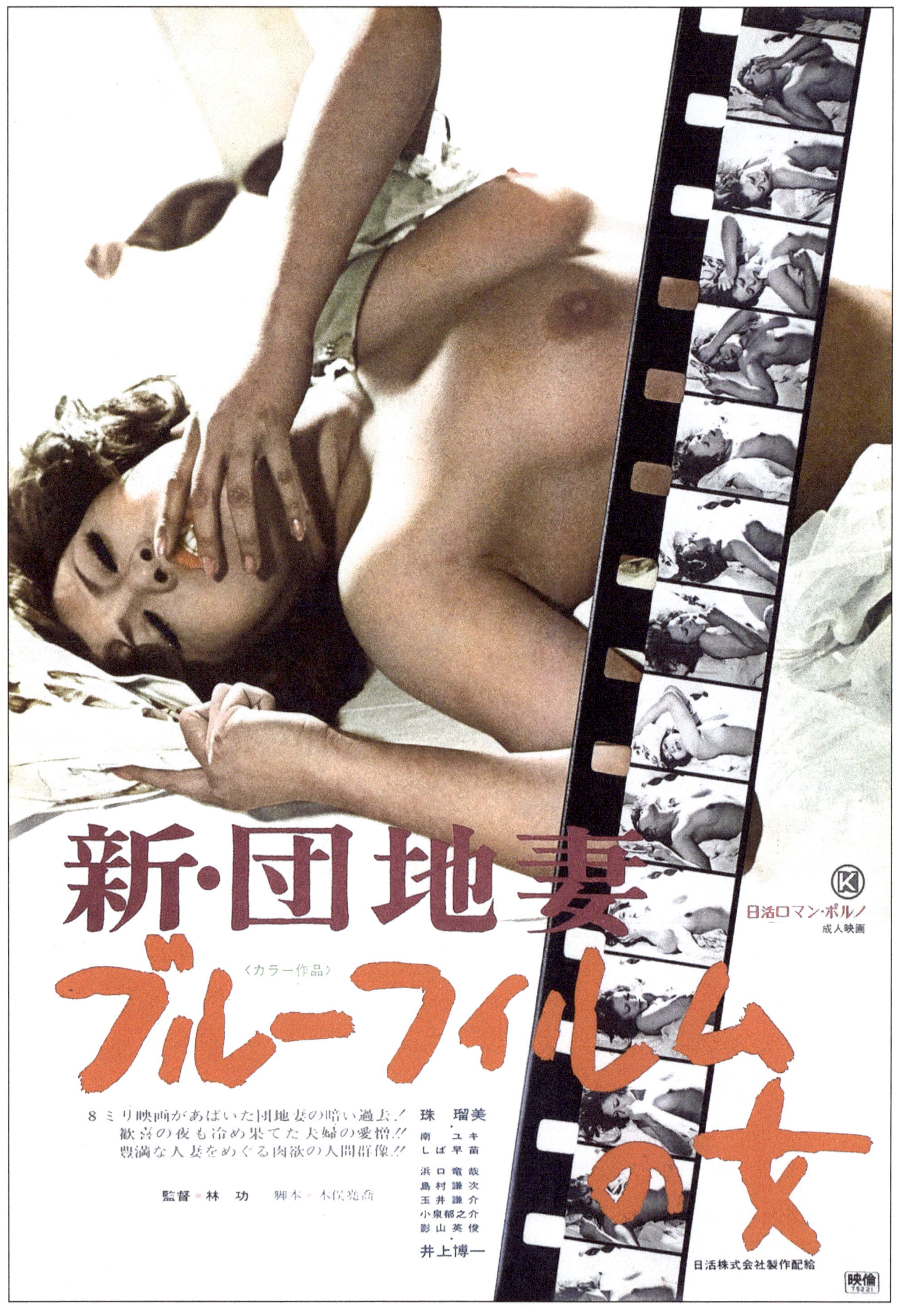

SHIN DANCHIZUMA BURU FIRIMU NO ONNA

(1975)

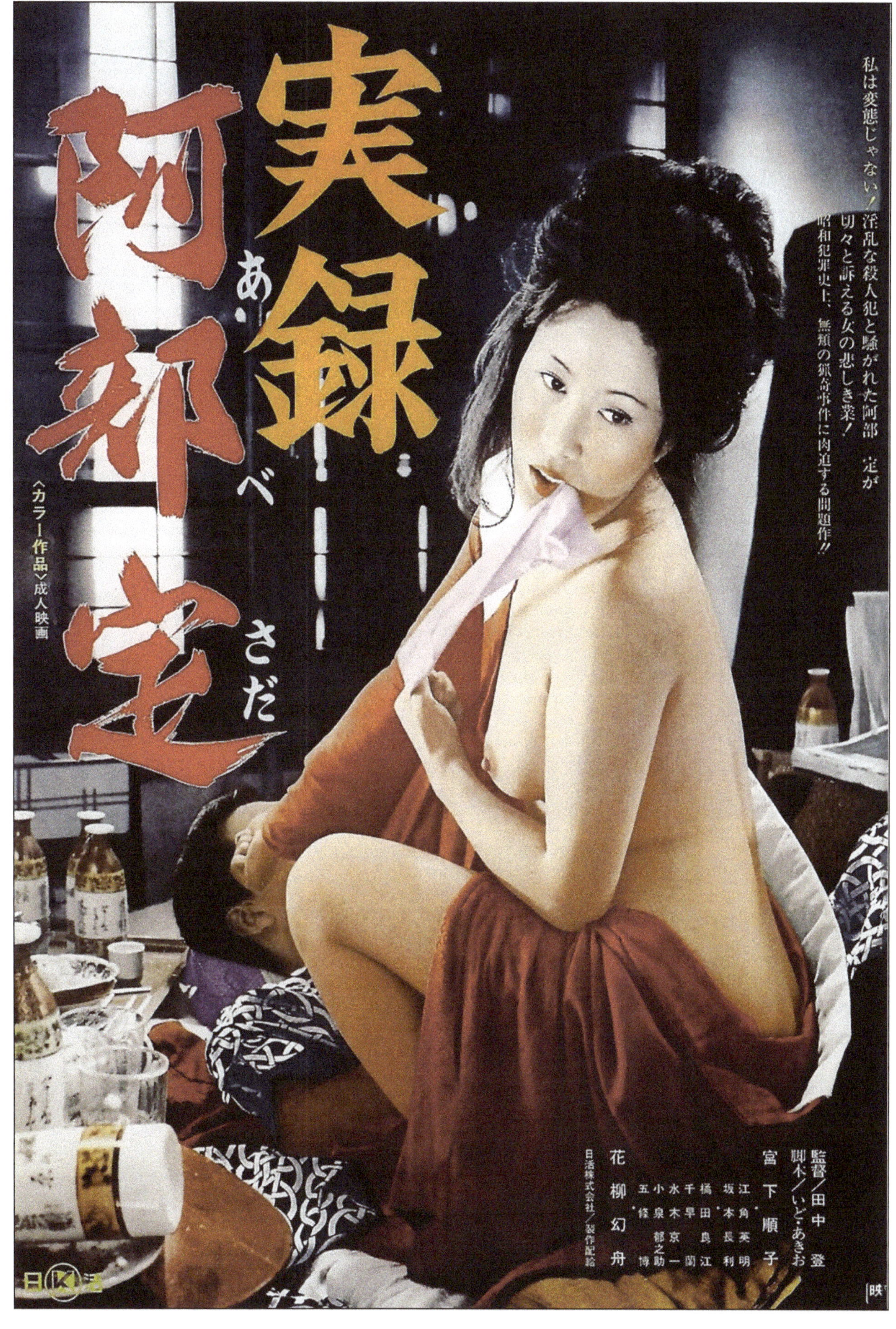

JITSUROKU ABA SADA
(1975)

63

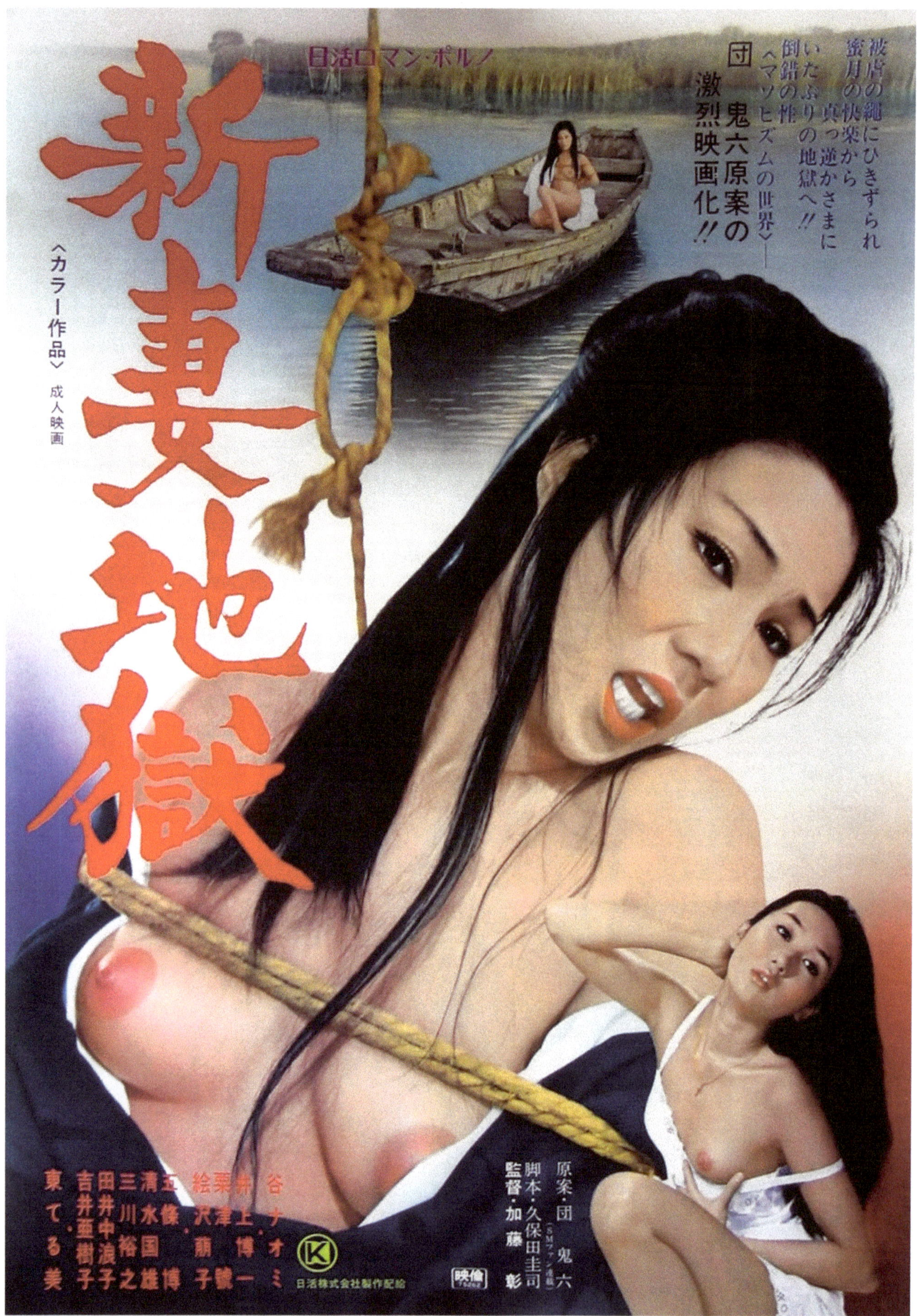

NIIZUMA JIGOKU

(1975)

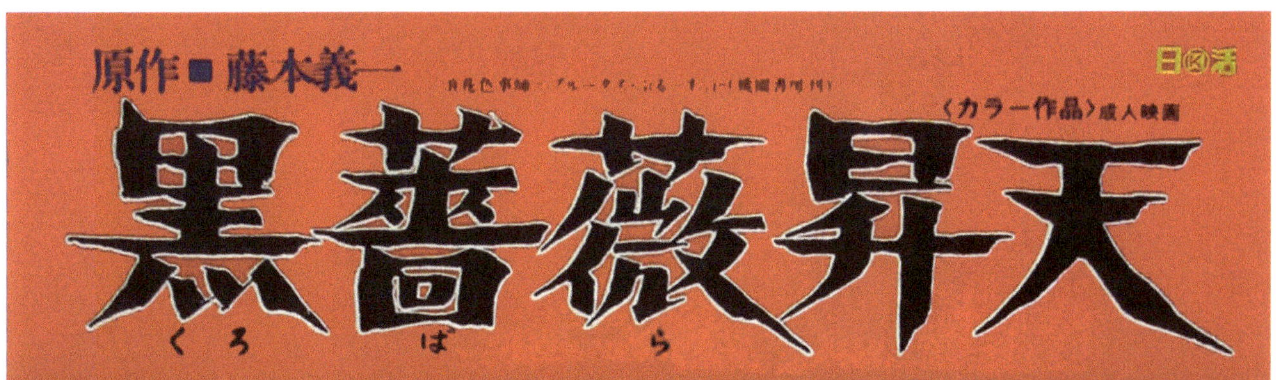

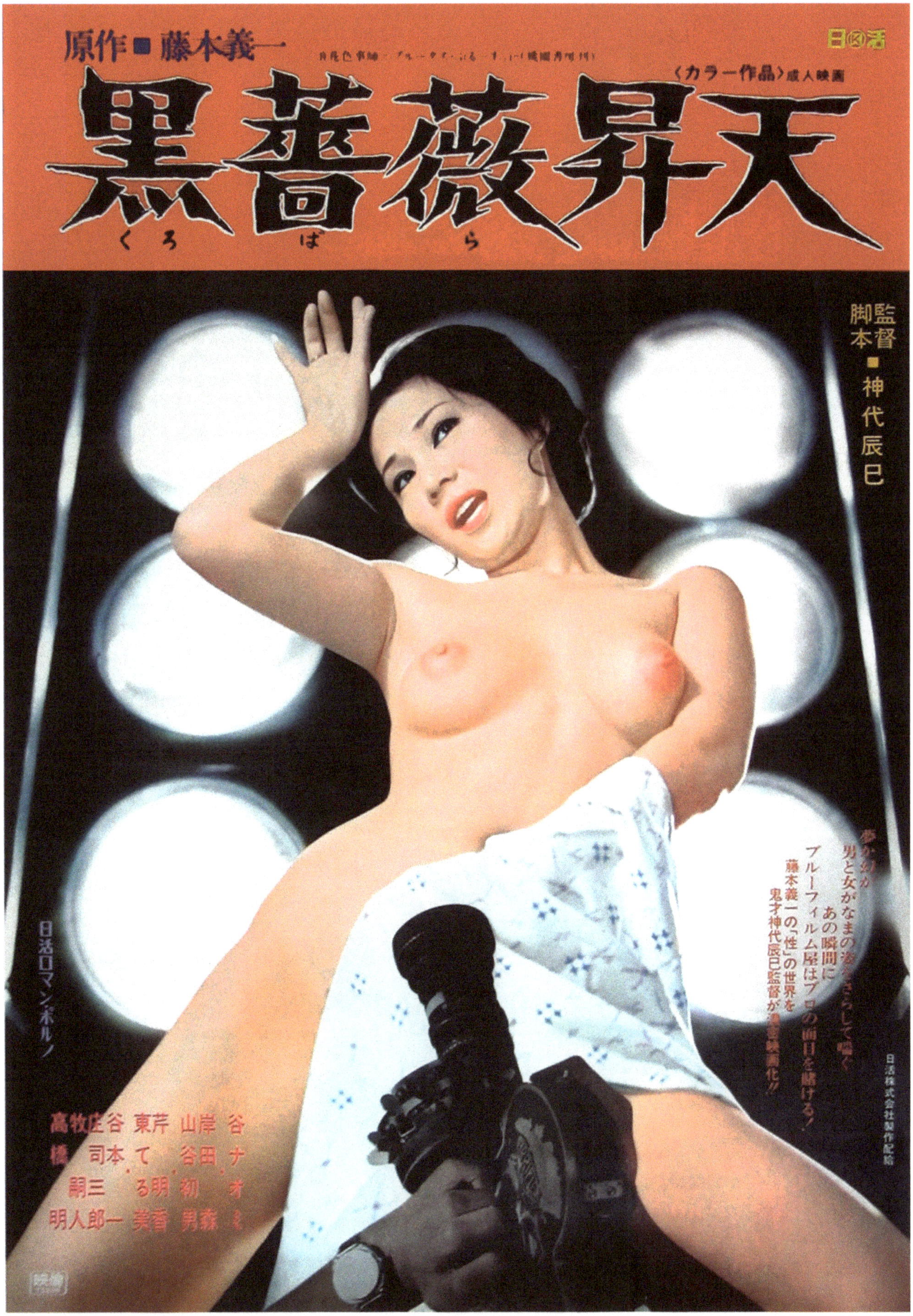

KUROBARA SHOTEN
(1975)

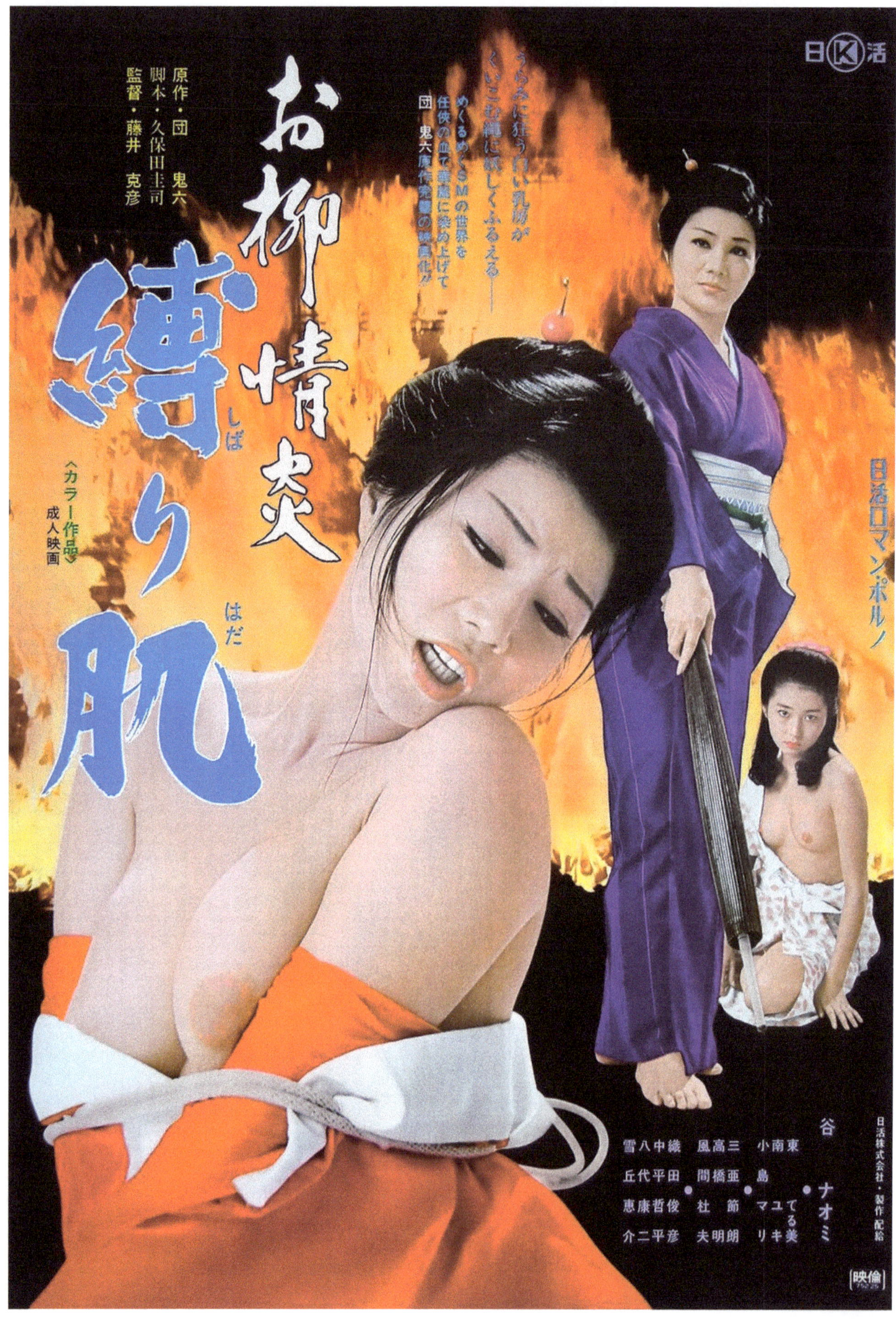

ORYU JOEN SHIBARI HADA

(1975)

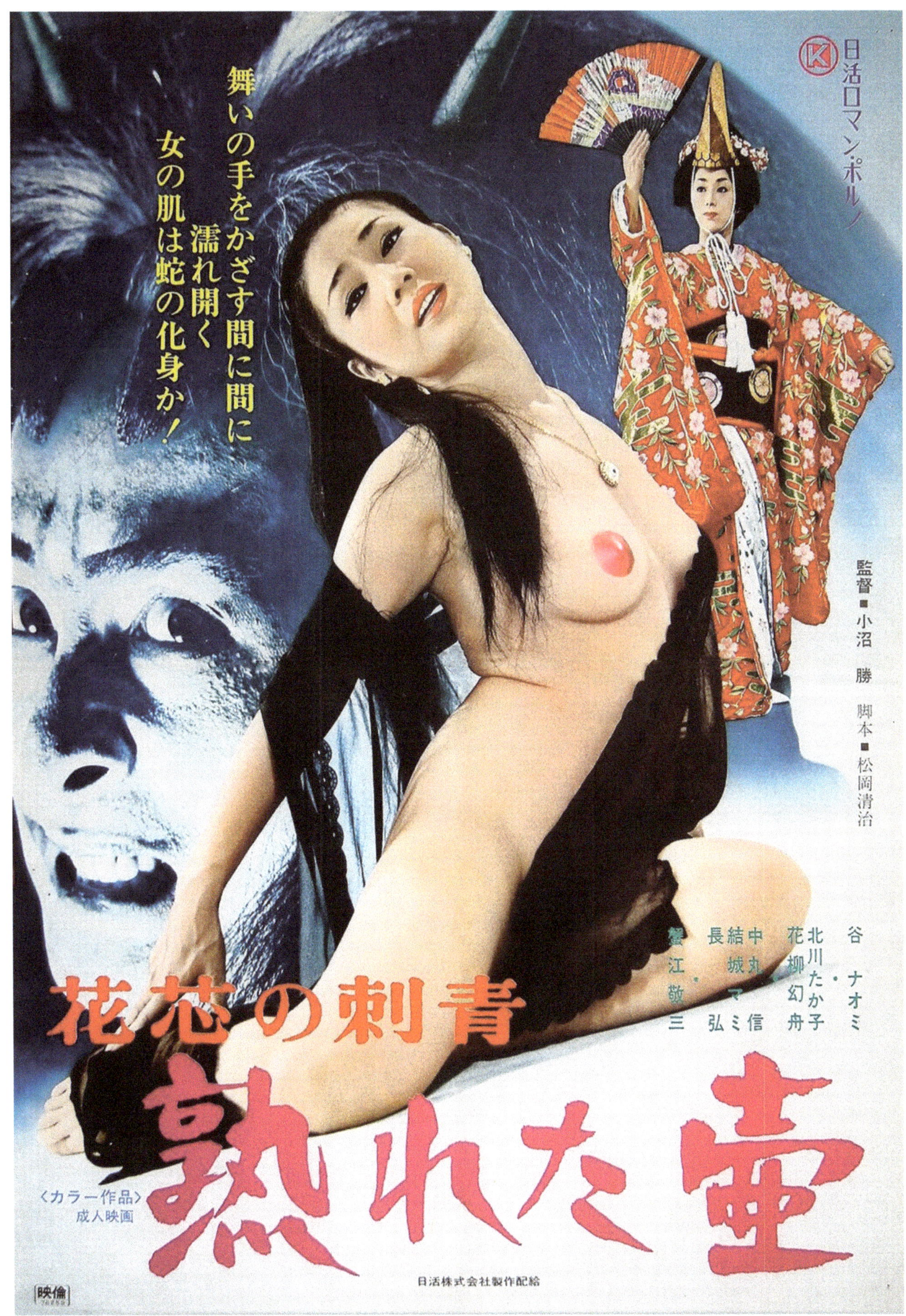

KASHIN NO IREZUMI NURETA TSUBO
(1976)

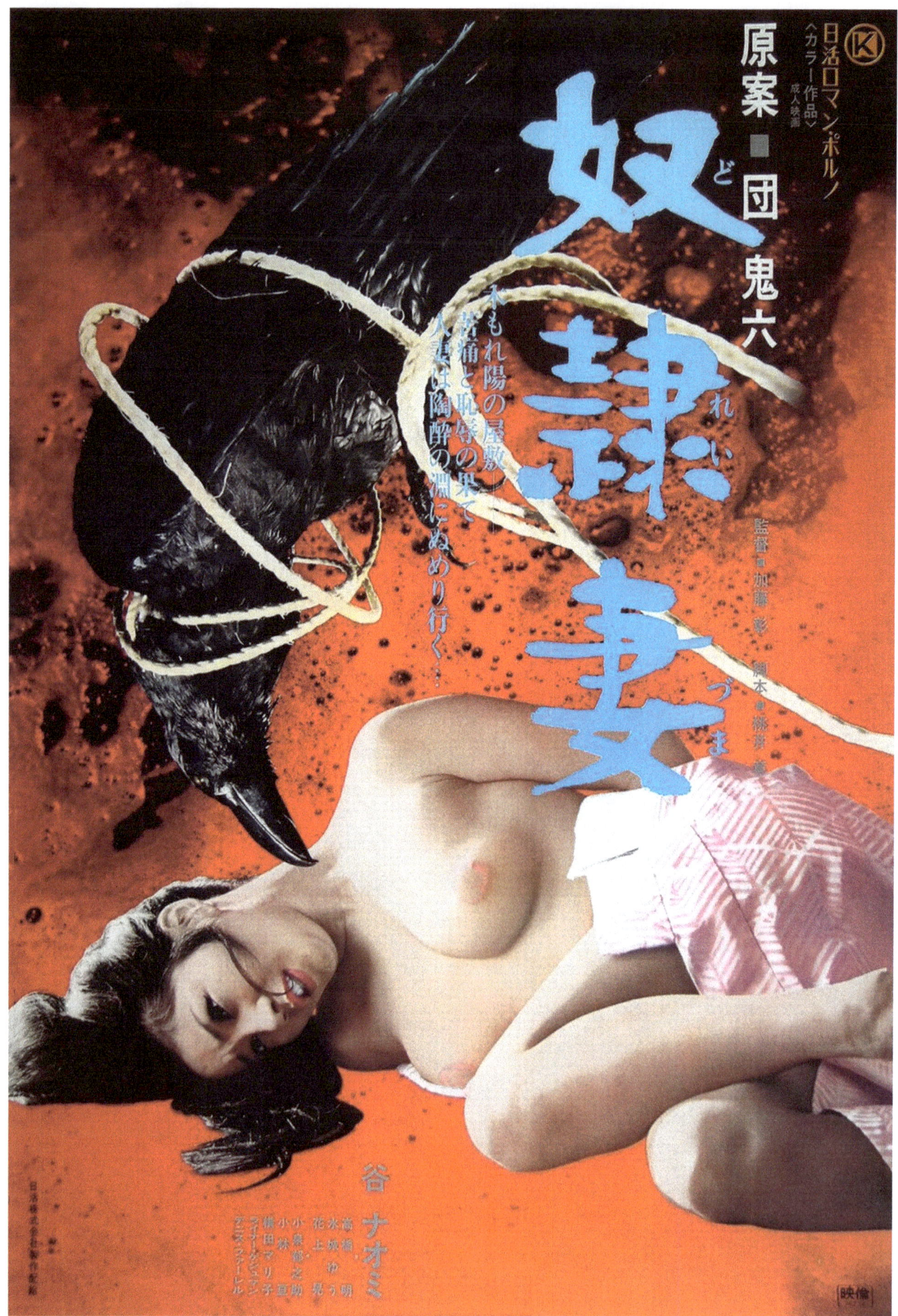

DOREIZUMA

(1976)

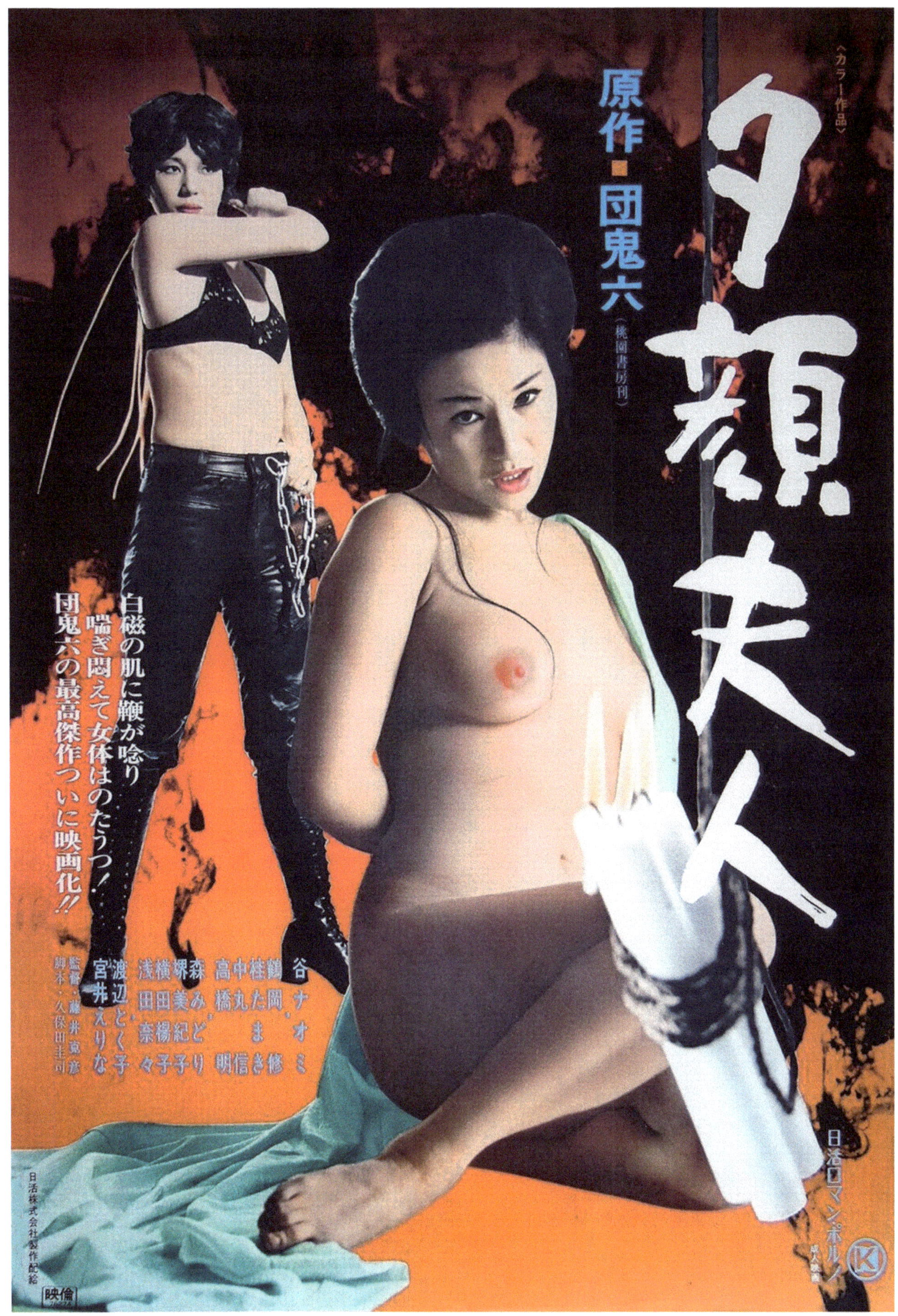
〈カラー作品〉
原作■団鬼六（桃園書房刊）
夕顔夫人
団鬼六の最高傑作ついに映画化!!
白磁の肌に鞭が唸り
喘ぎ悶えて女体はのたうつ！
谷ナオミ
森岡まき修
堺丸た信
鶴橋紀ど明
高中楊り
田奈々子
浅田美み子
横田とく子
渡辺えりな
宮井
監督・藤井克彦
脚本・久保田圭司
日活株式会社製作配給
日活ロマンポルノ
成人映画
映倫

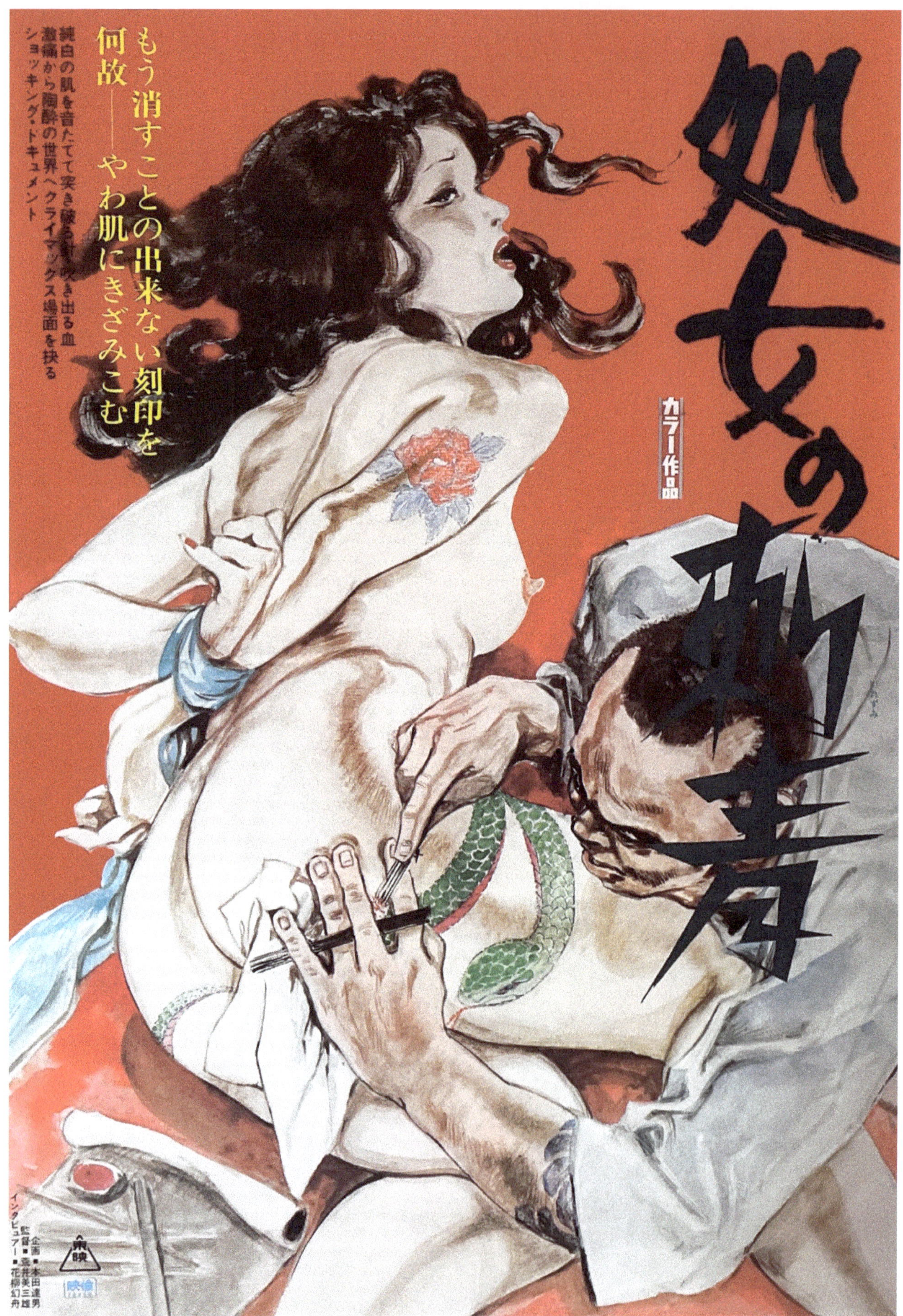

SHOJO NO IREZUMI

(1976)

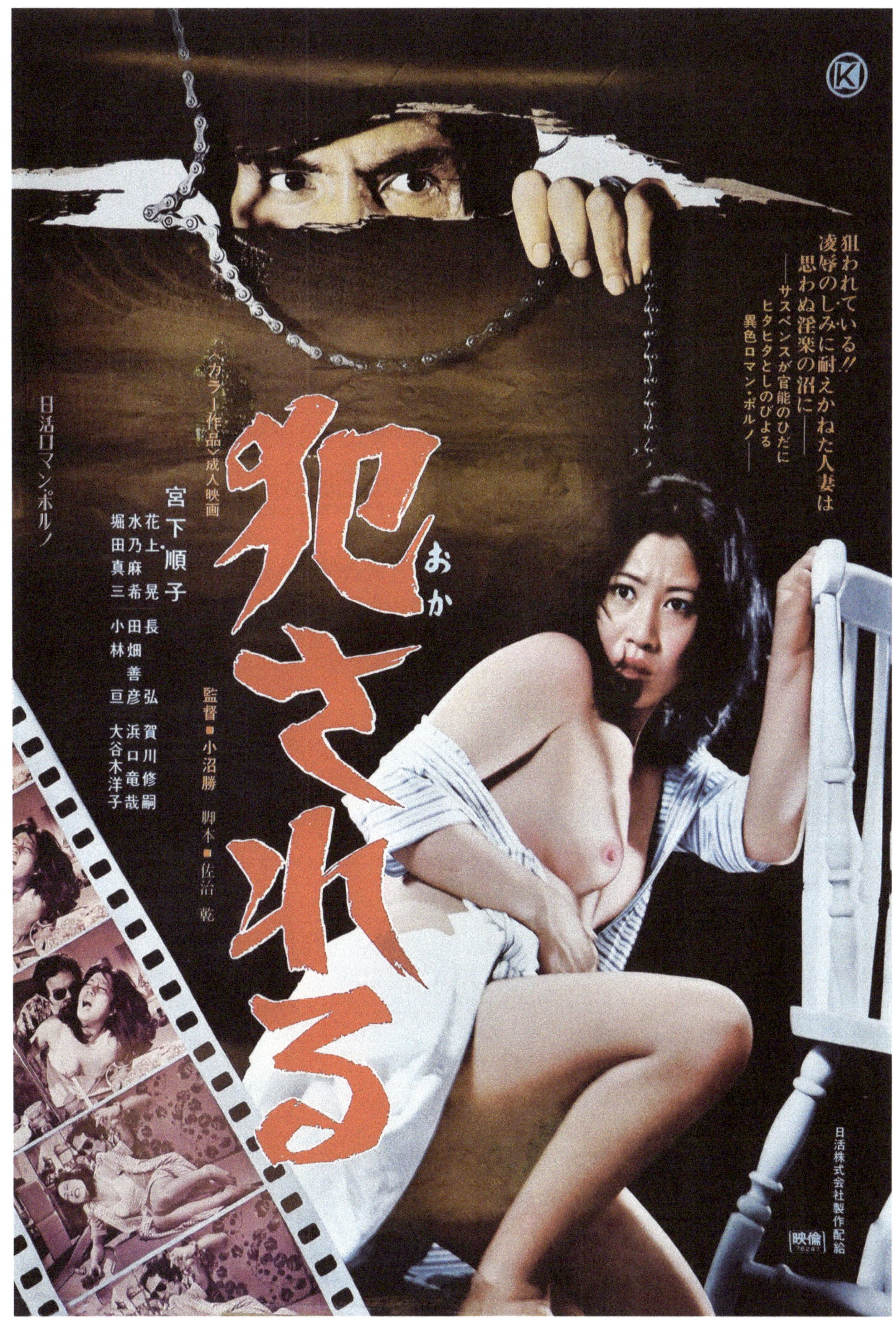

OKASARERU
(1976)

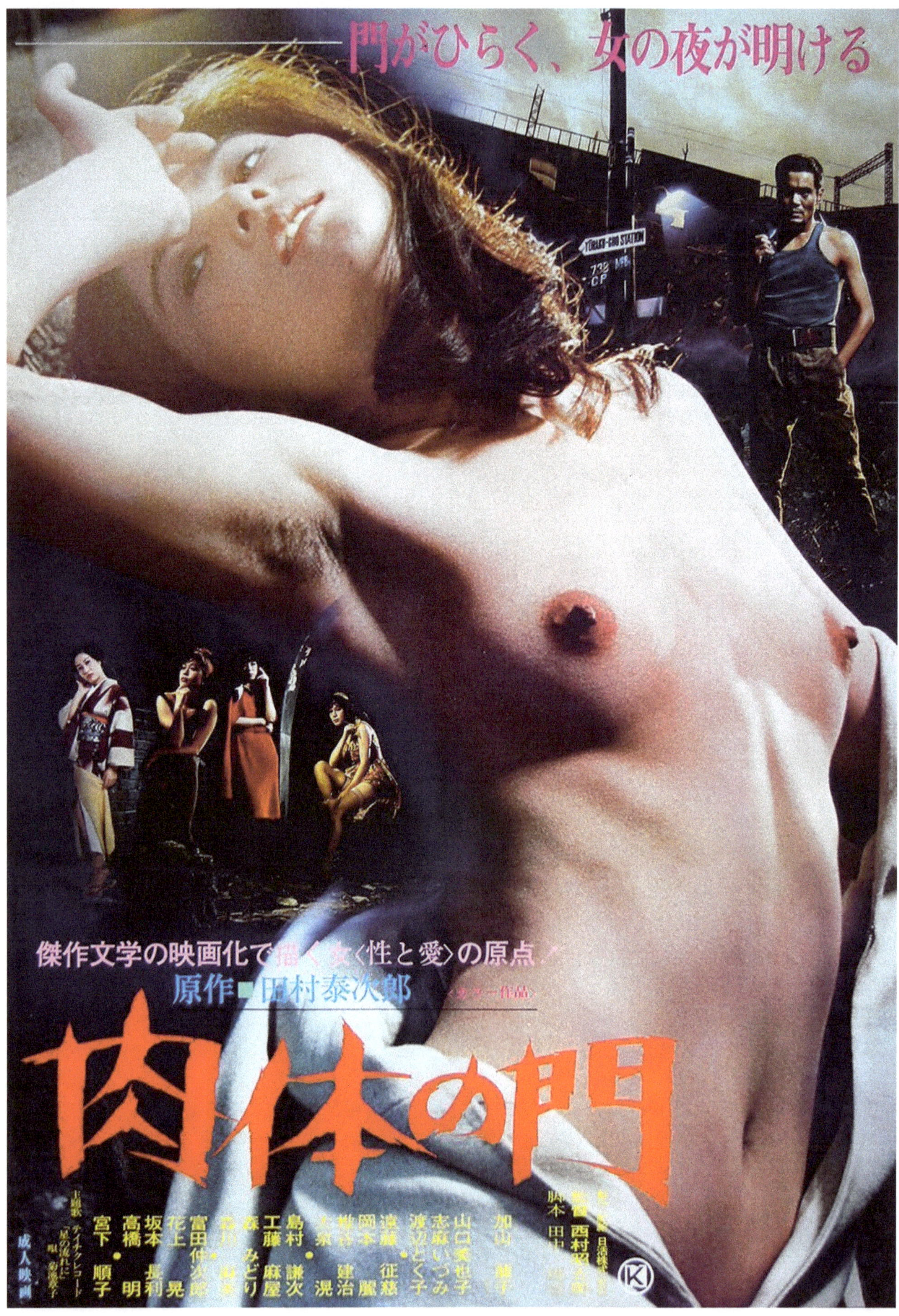

NIKUTAI NO MON

(1977)

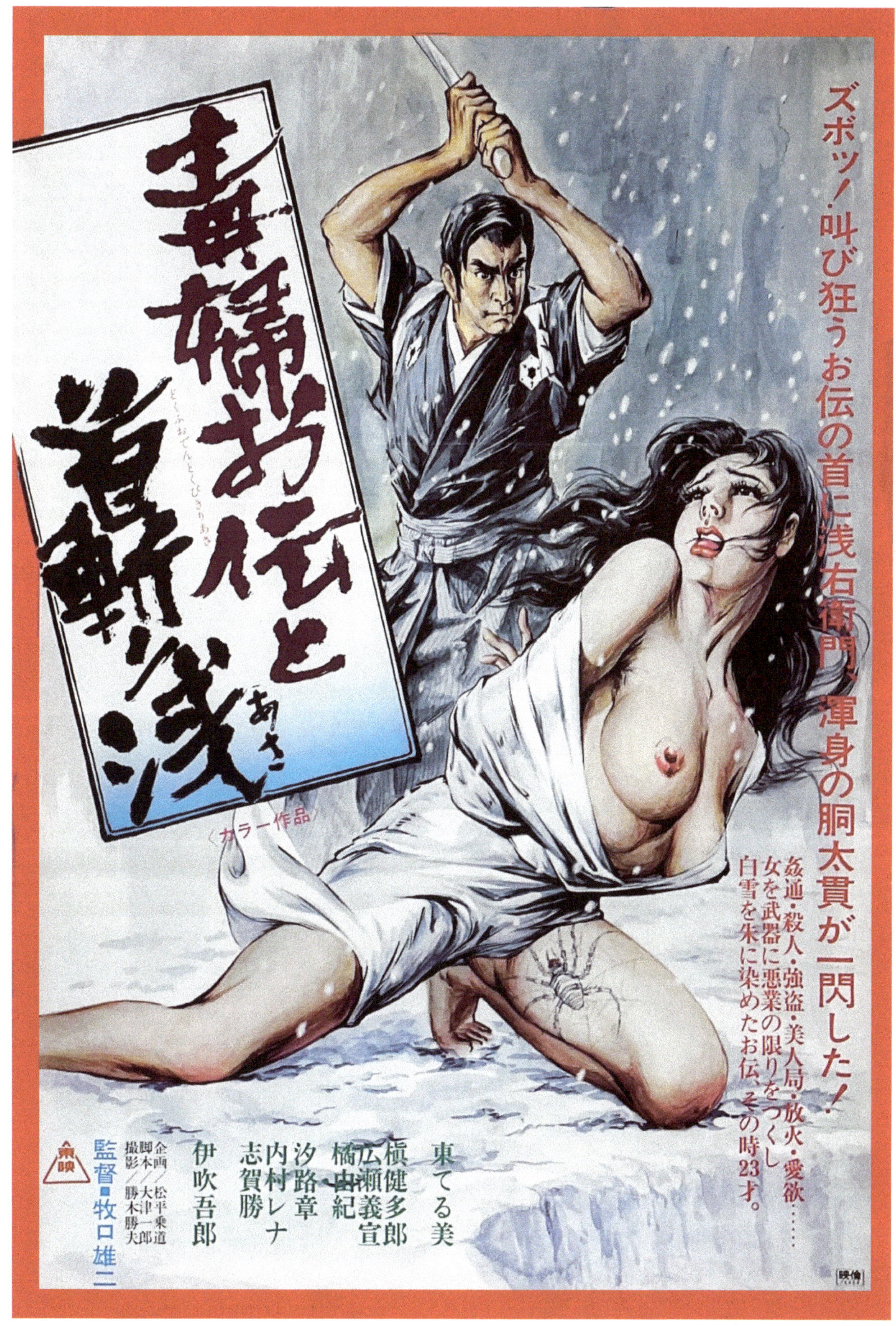

毒婦お伝と首斬り浅
どくふおでんとくびきりあさ
あさ
〈カラー作品〉
ズボッ！叫び狂うお伝の首に浅右衛門、渾身の胴太貫が一閃した！
姦通・殺人・強盗・美人局・放火・愛欲……
女を武器に悪業の限りをつくし
白雪を朱に染めたお伝、その時23才。
東映
監督■牧口雄二
企画／松平乗道
脚本／大津一郎
撮影／勝本勝夫
伊吹吾郎
志賀勝
内村レナ
汐路章
橘由紀
広瀬義宣
槙健多郎
東てる美
映倫

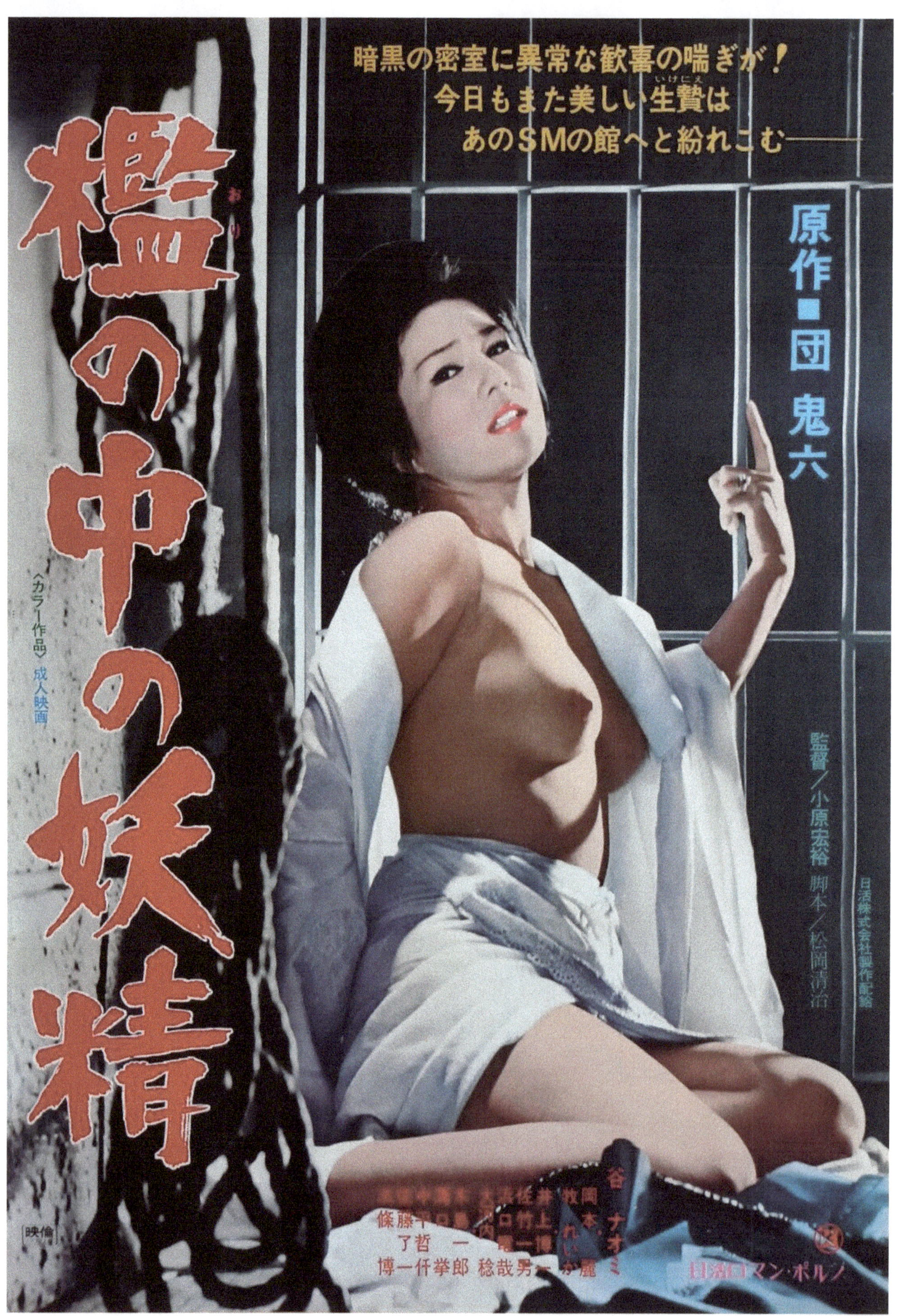

ORI NO NAKA NO YOSEI
(1977)

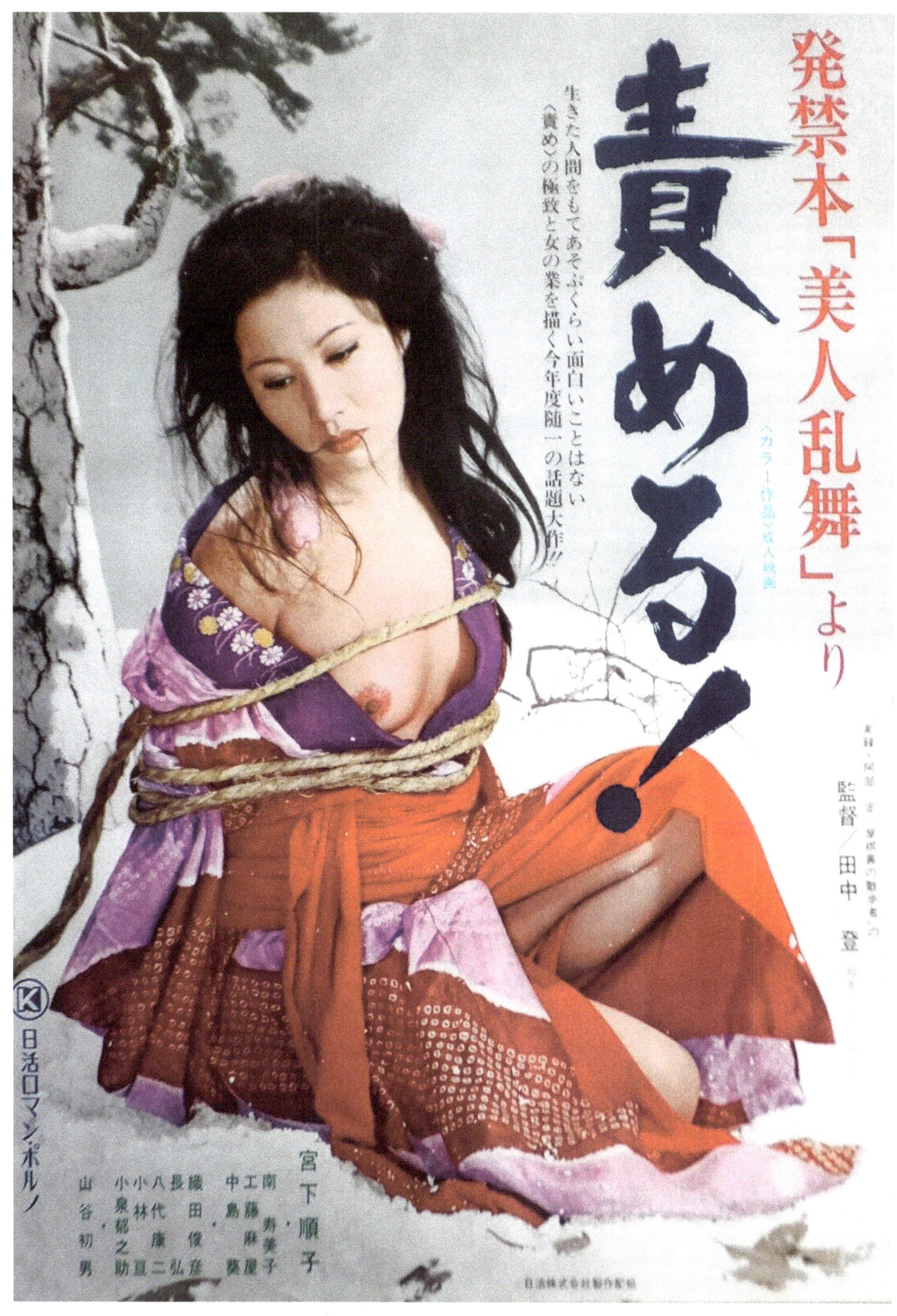

HAKKINBON BIJIN RANBU YORI SEMERU!
(1977)

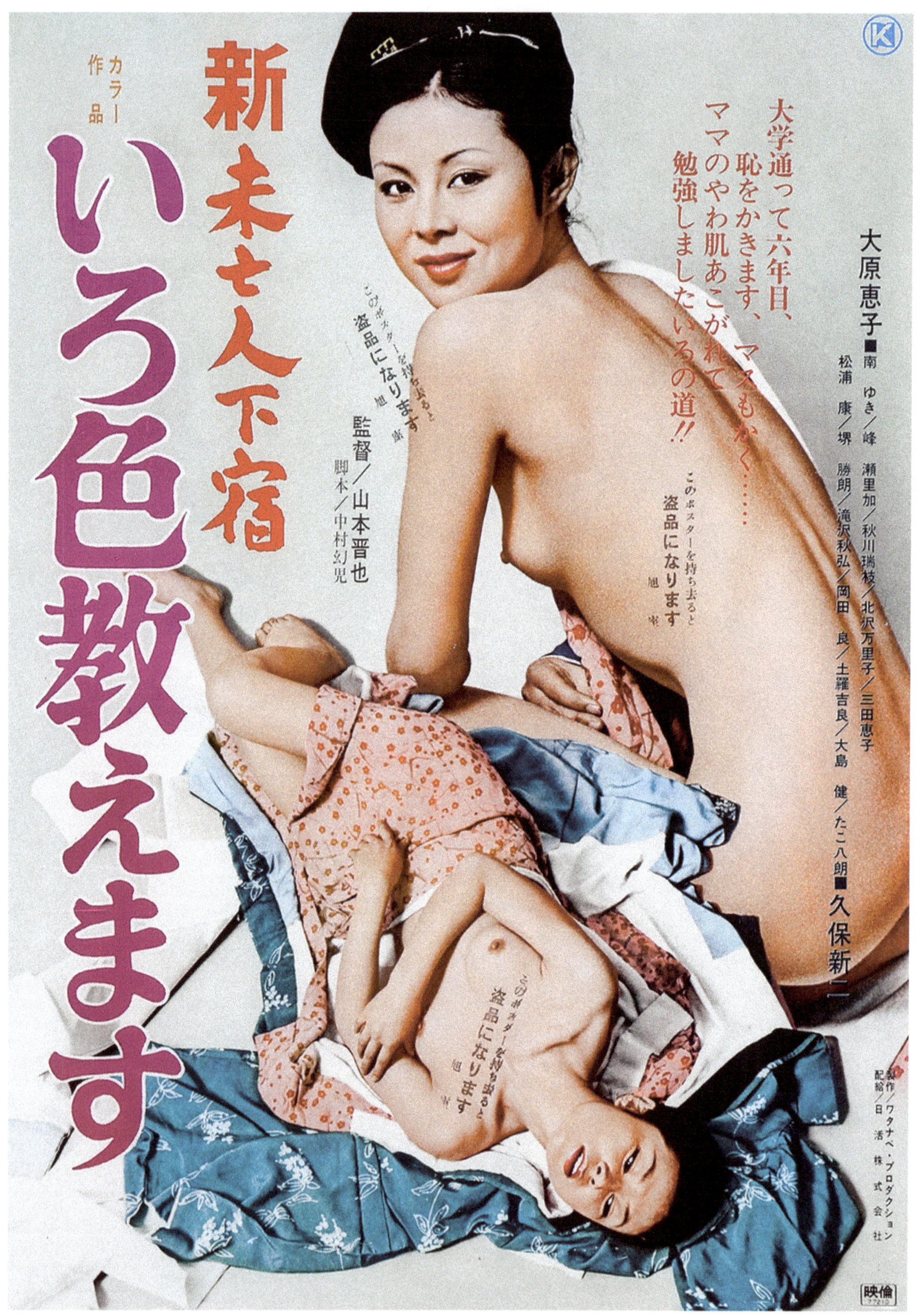

MIBOJIN GESHUKU
(1977)

成人映画
《カラー作品》

のしかかり、押え込み
情欲のほとばしりに狂う若者……
俺は我慢出来ないんだ──

セミドキュメント

絶淫

南 ゆき／峰 瀬里香／安田清美／中野リエ／北沢万里子／藤 ひろ子
久保新二／滝沢秋弘／尾川 始／滝 新二／松浦 康

このポスターを持ち去ると
盗品になります
旭庵

監督／山本晋也
脚本／山田 勉

製作／ワタナベ・プロダクション　配給／日活株式会社

映倫

SEMI-DOKYUMENTO ZETSUIN

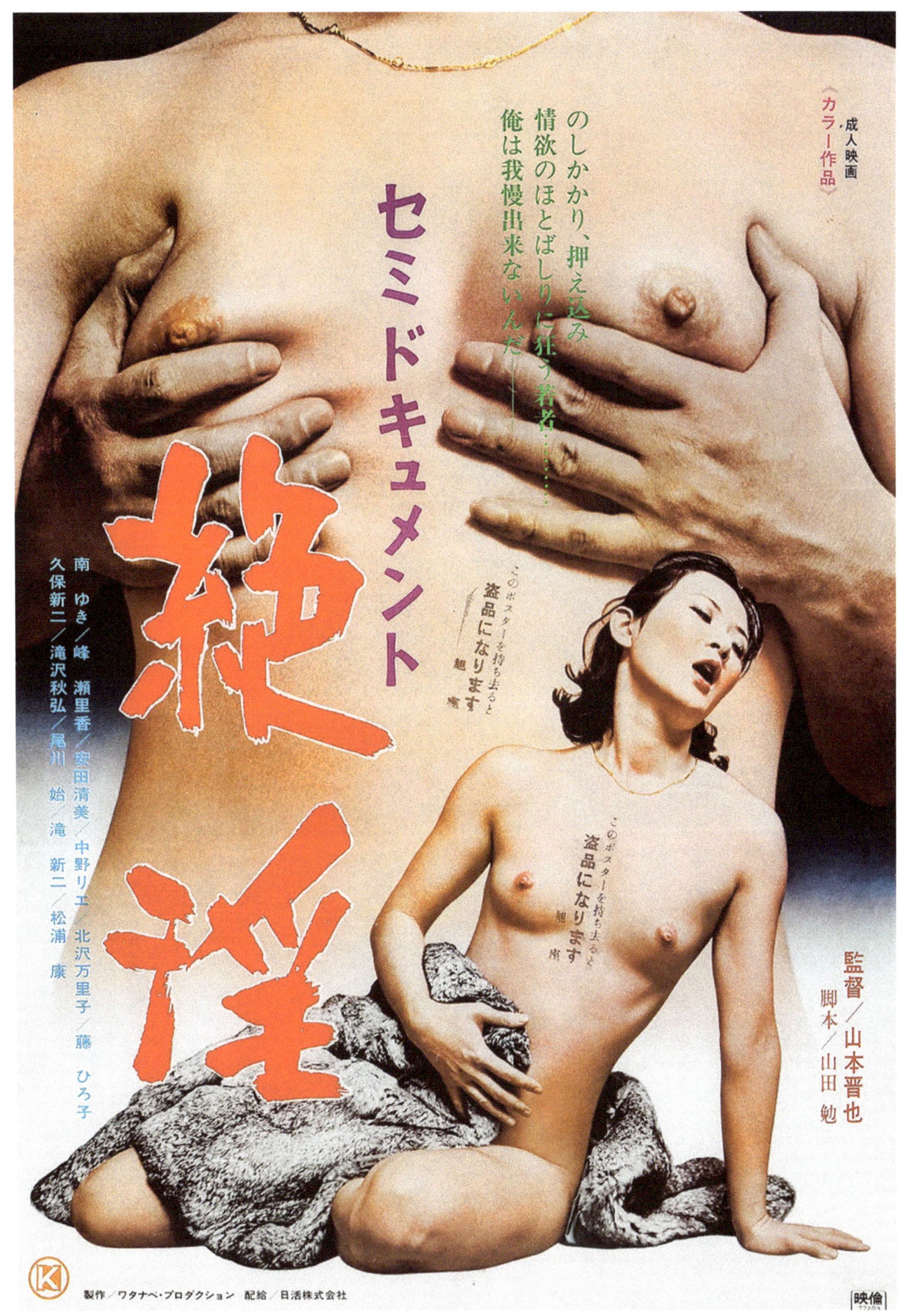

(1977)

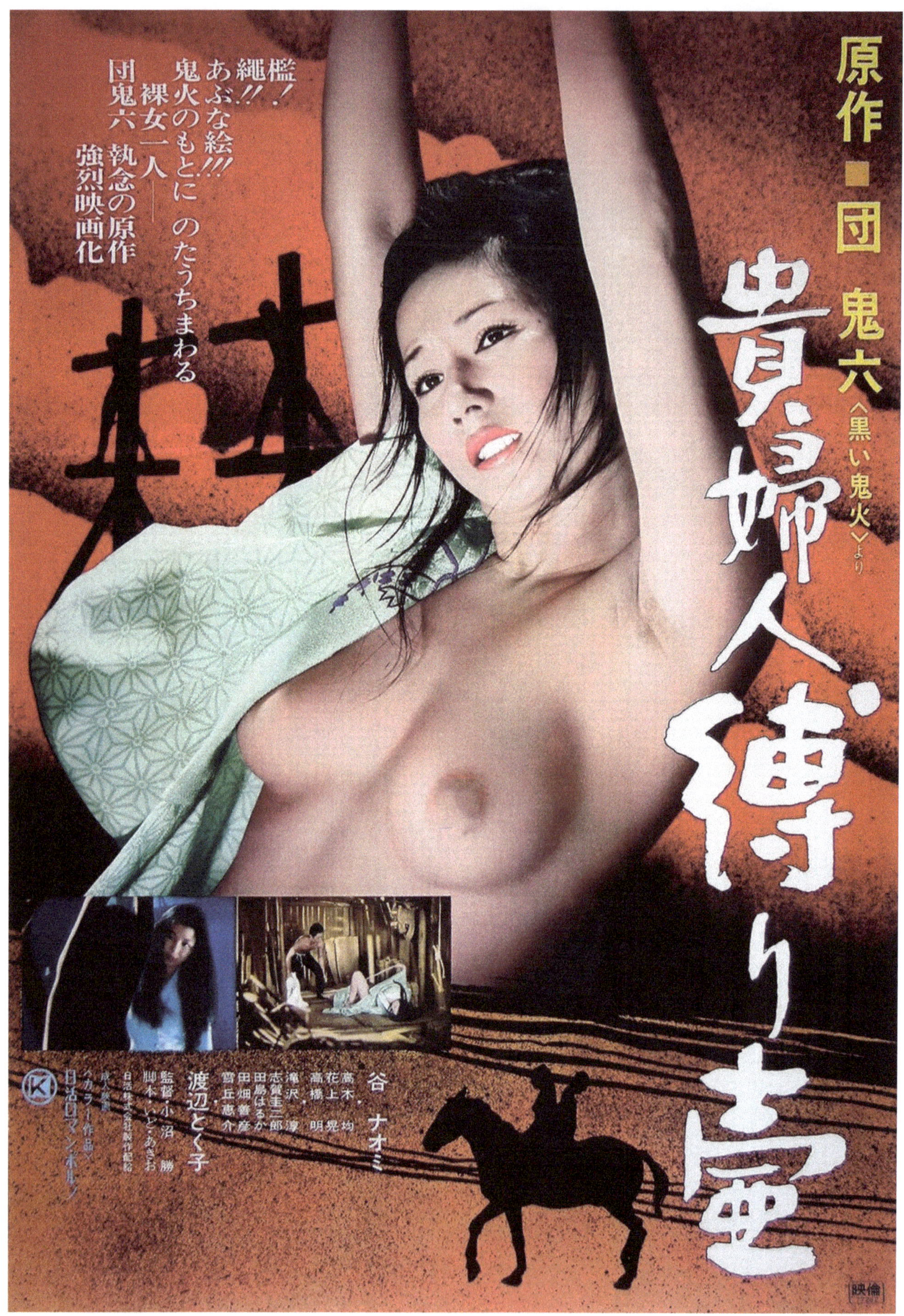

KIFUJIN SHIBARI TSUBO

(1977)

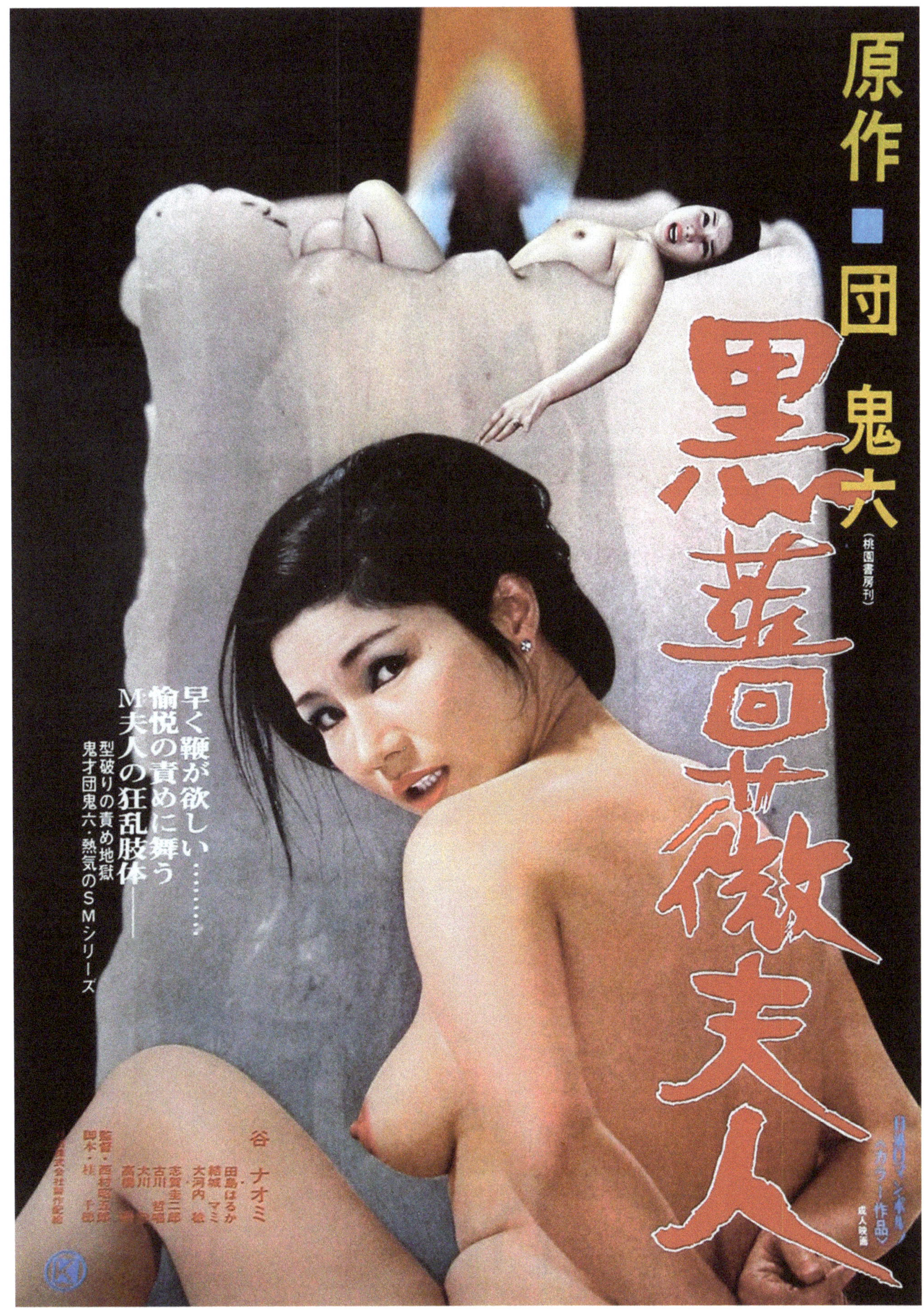

原作■団鬼六
（桃園書房刊）
黒薔薇夫人
早く鞭が欲しい……
愉悦の責めに舞う
M夫人の狂乱肢体
型破りの責め地獄
鬼才団鬼六・熱気のSMシリーズ
谷 ナオミ
田島はるか
結城マミ
大河内 蓉
志賀圭二郎
古川哲郎
大川
高橋千郎
監督・西村昭五郎
脚本・桂千穂
日活株式会社制作配給
成人映画

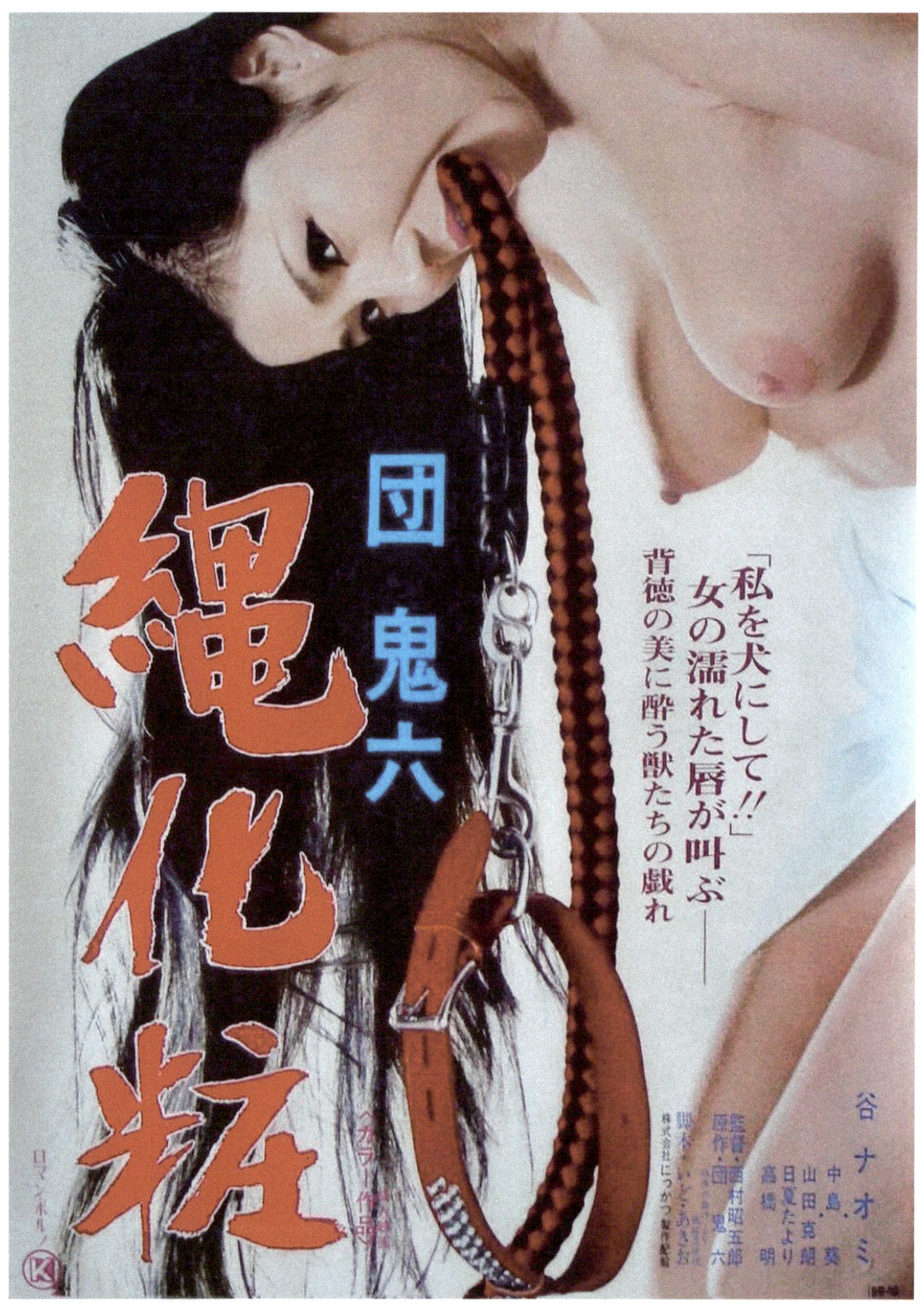

DAN ONIROKU NAWA-GESHO
(1978)

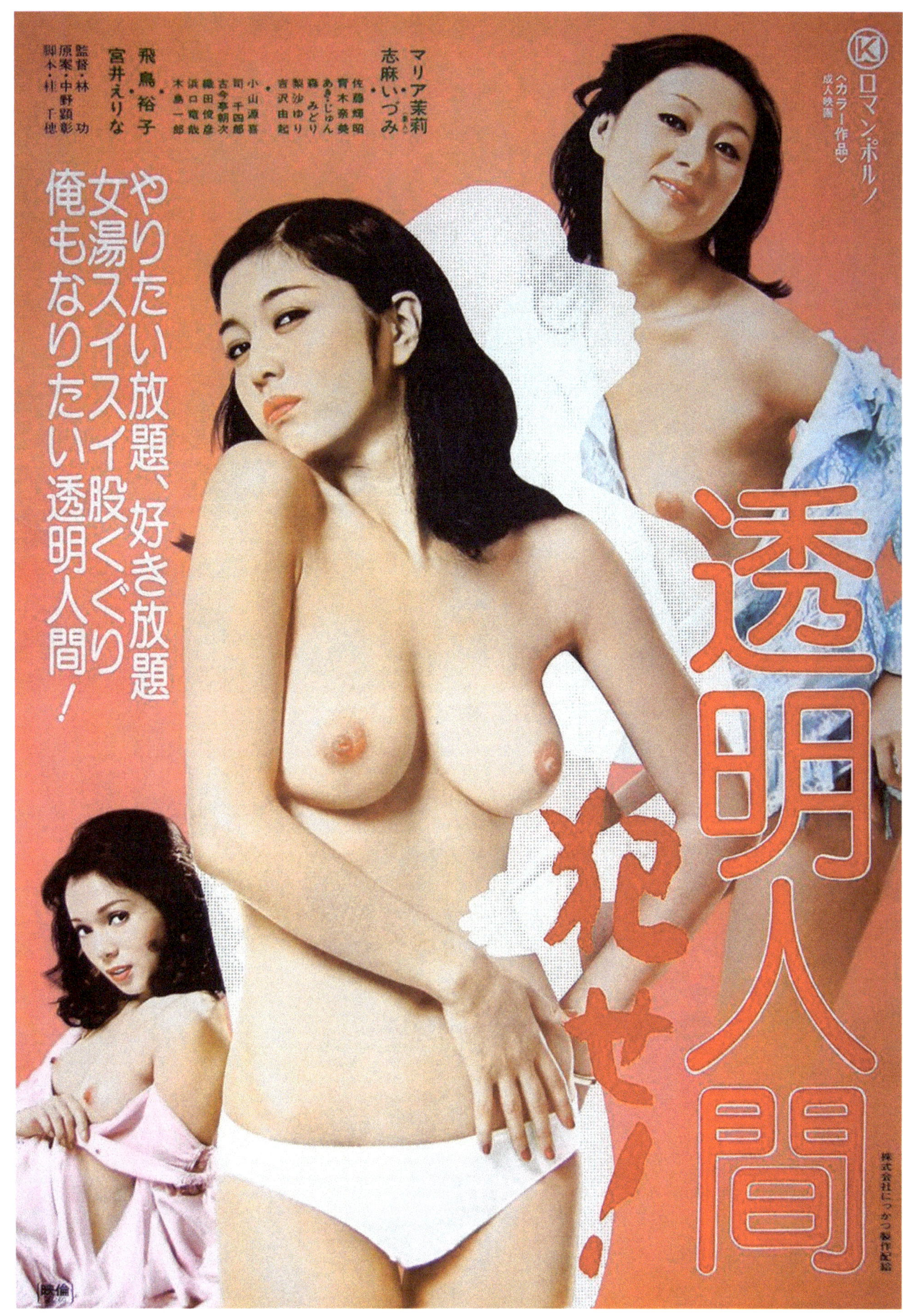

TOMEI NINGEN OKASE

(1978)

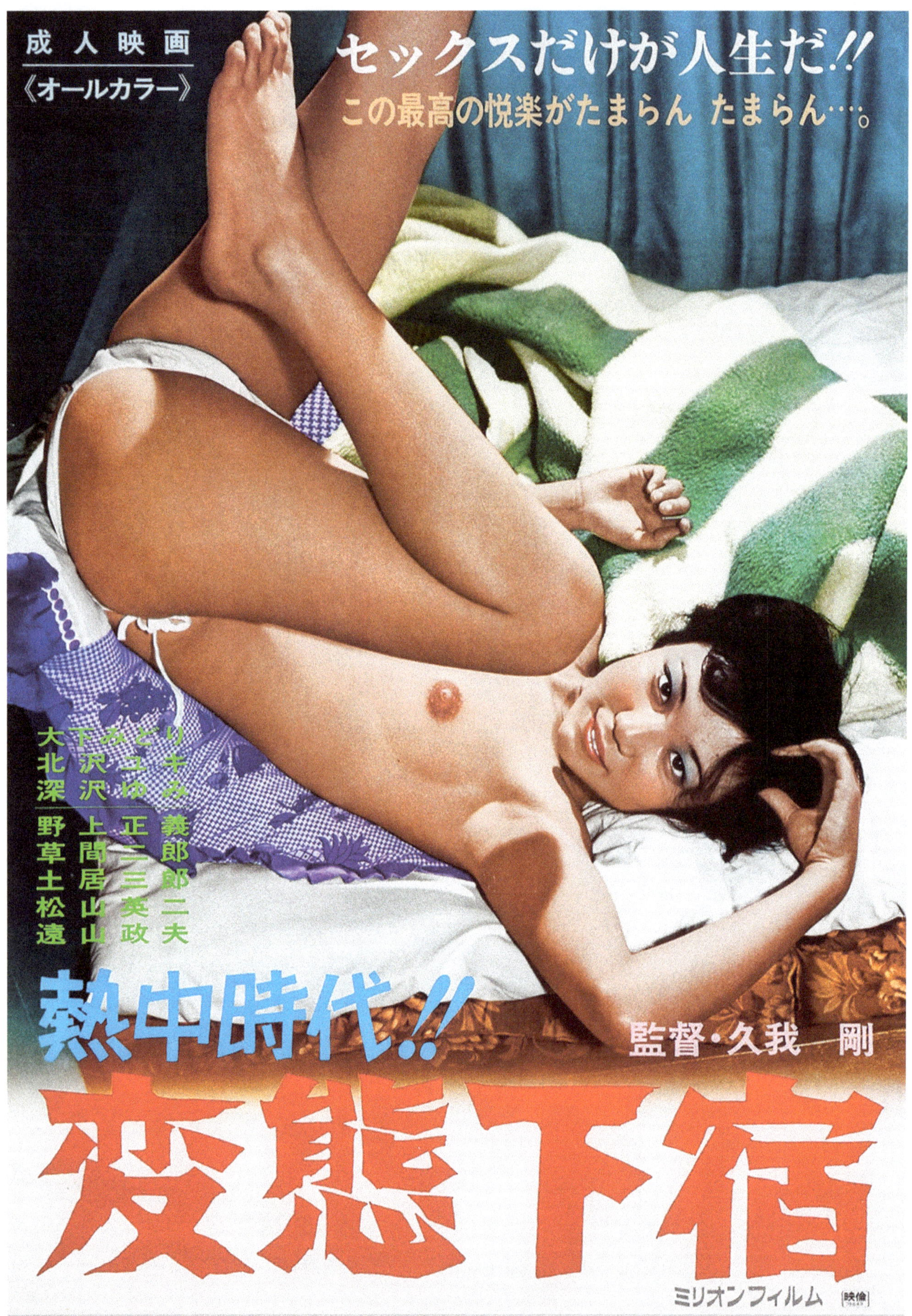

NETCHU JIDAI HENTAI GESHUKU

(1979)

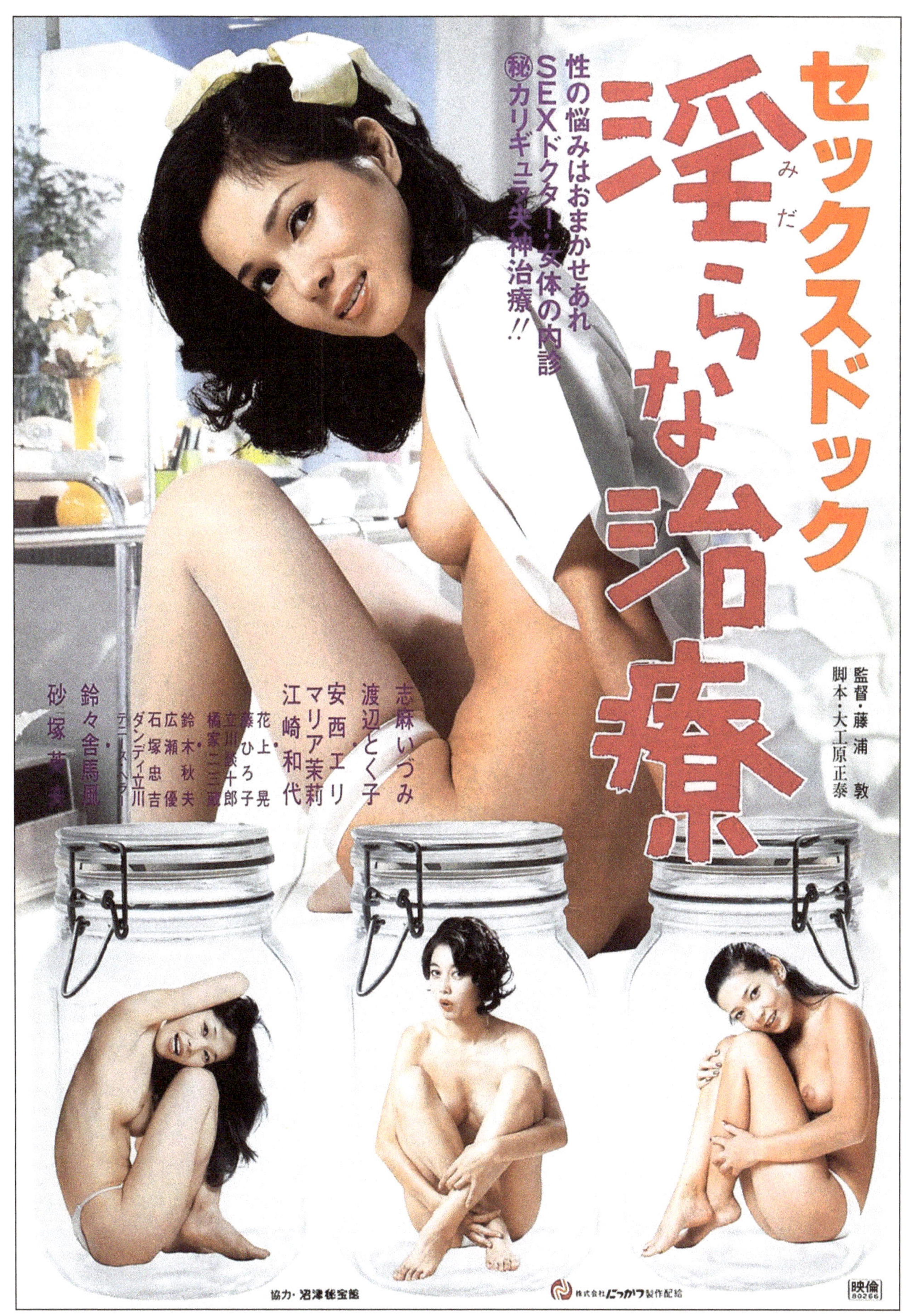

SEX DOKKU MIDARANA CHIRYO
(1980)

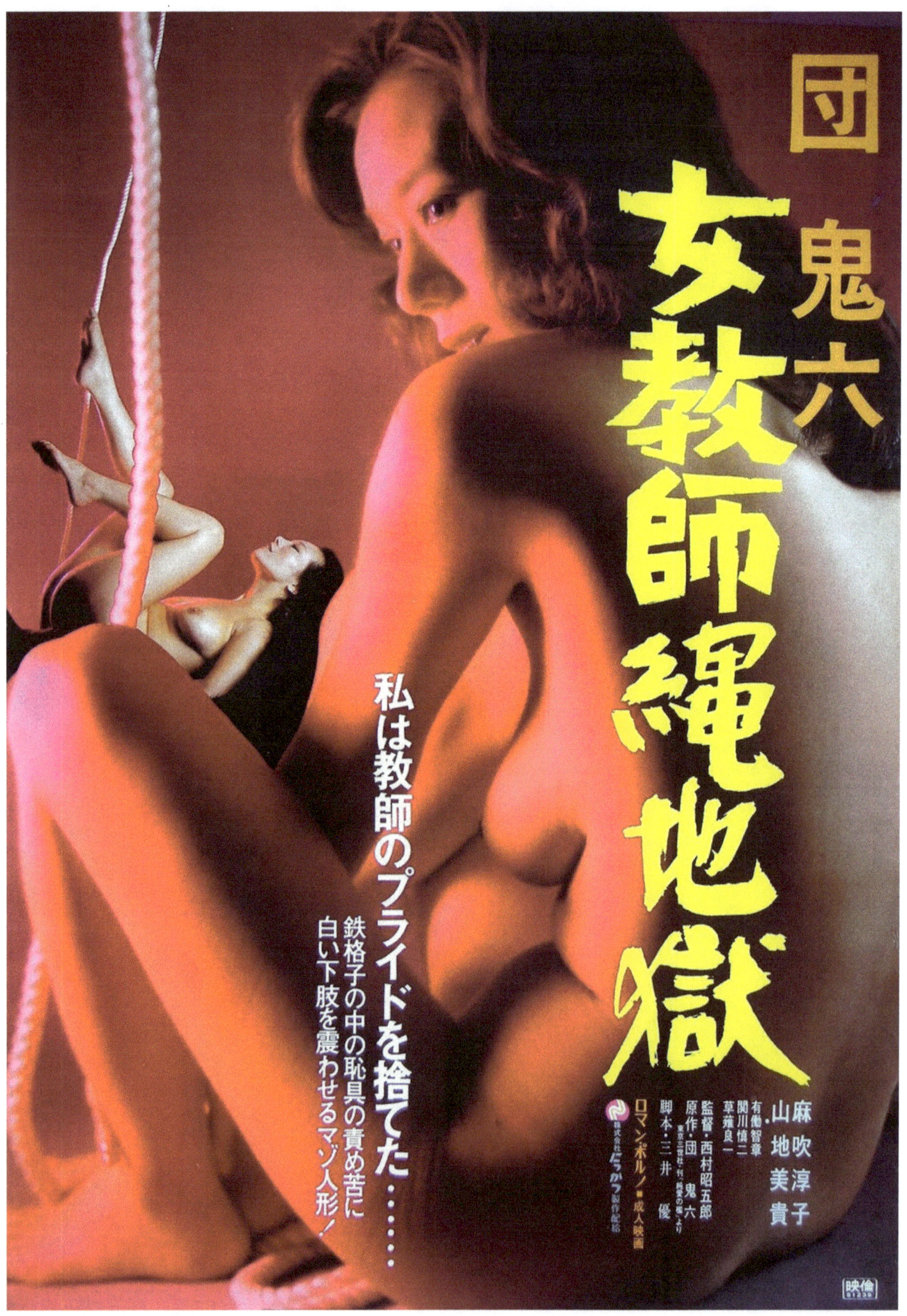

DAN ONIROKU ONNA KYOSHI NAWA JIGOKU
(1981)

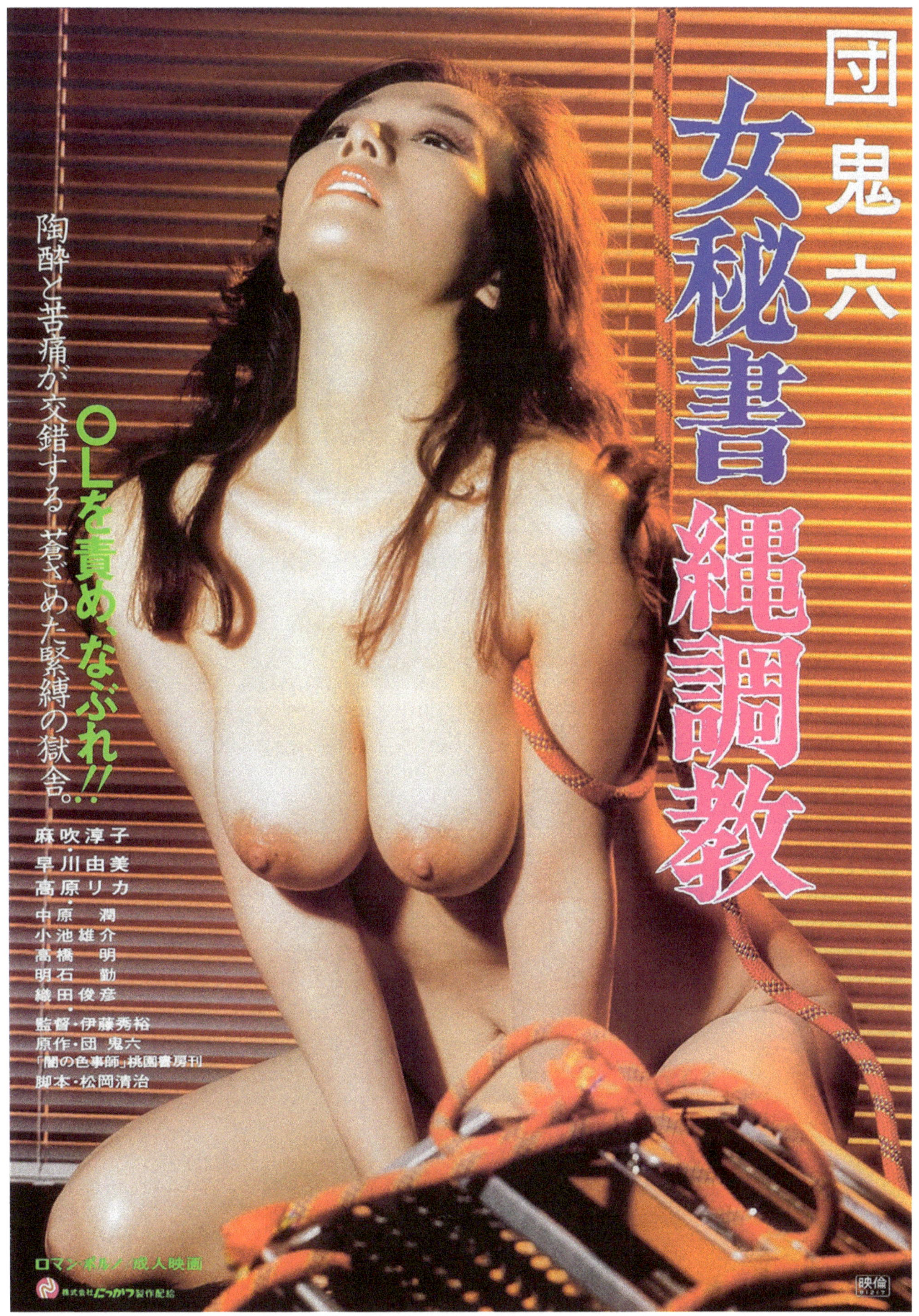

DAN ONIROKU ONNA HISHO NAWA-CHOKYO
(1981)

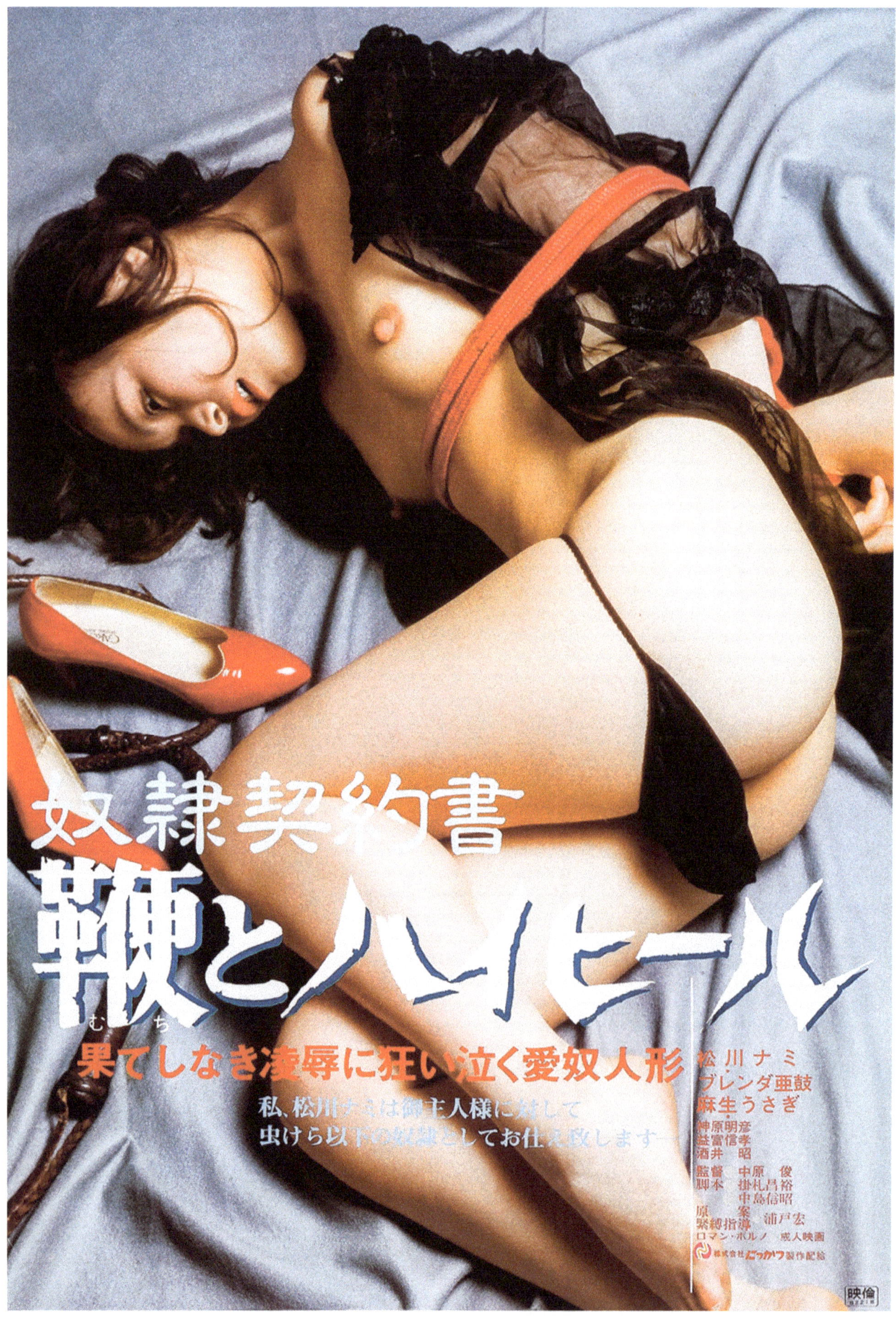

DOREI KEIYAKUSHU

(1982)

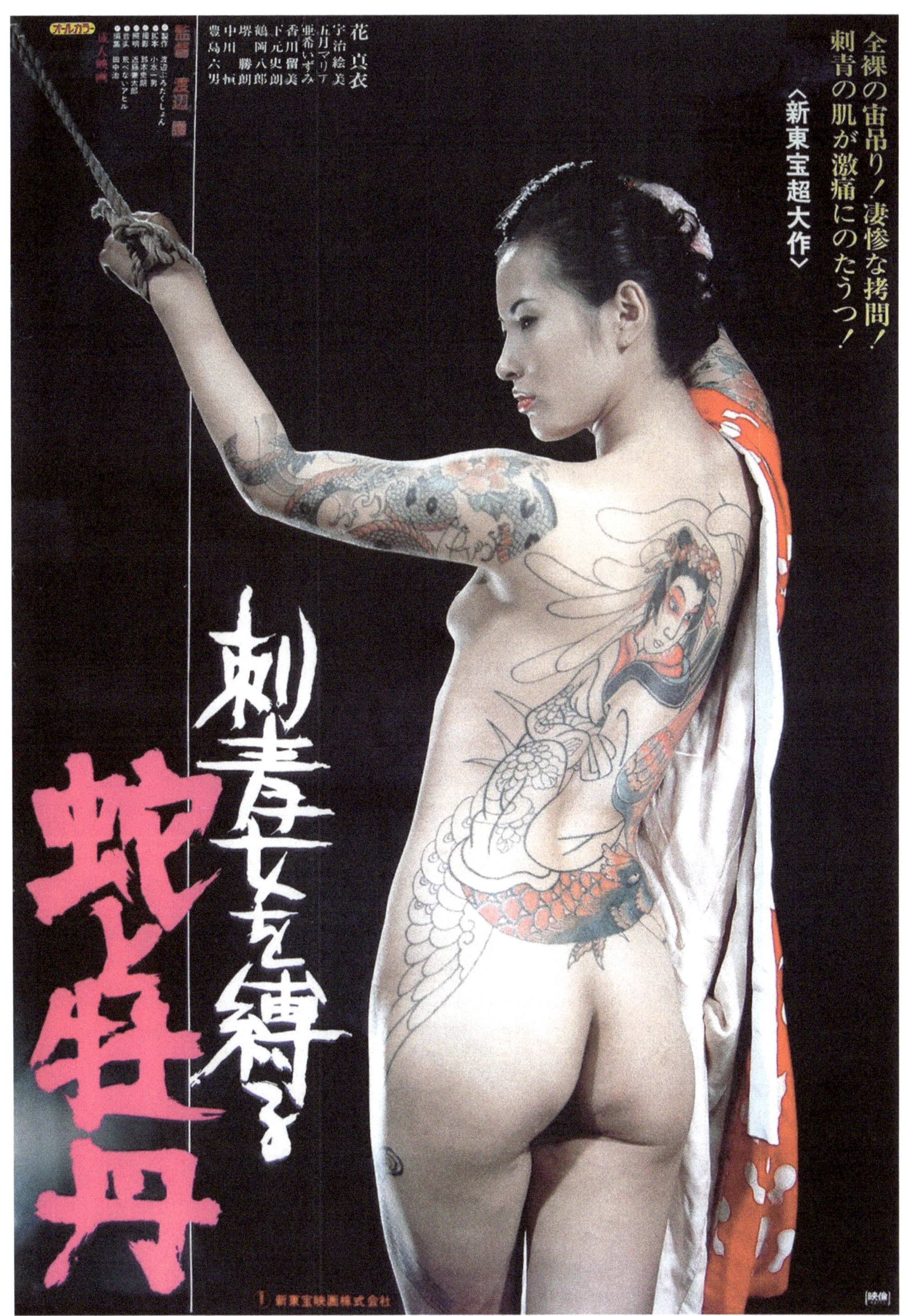

IREZUMI ONNA O SHIBARU HEBI TO BOTAN
(1983)

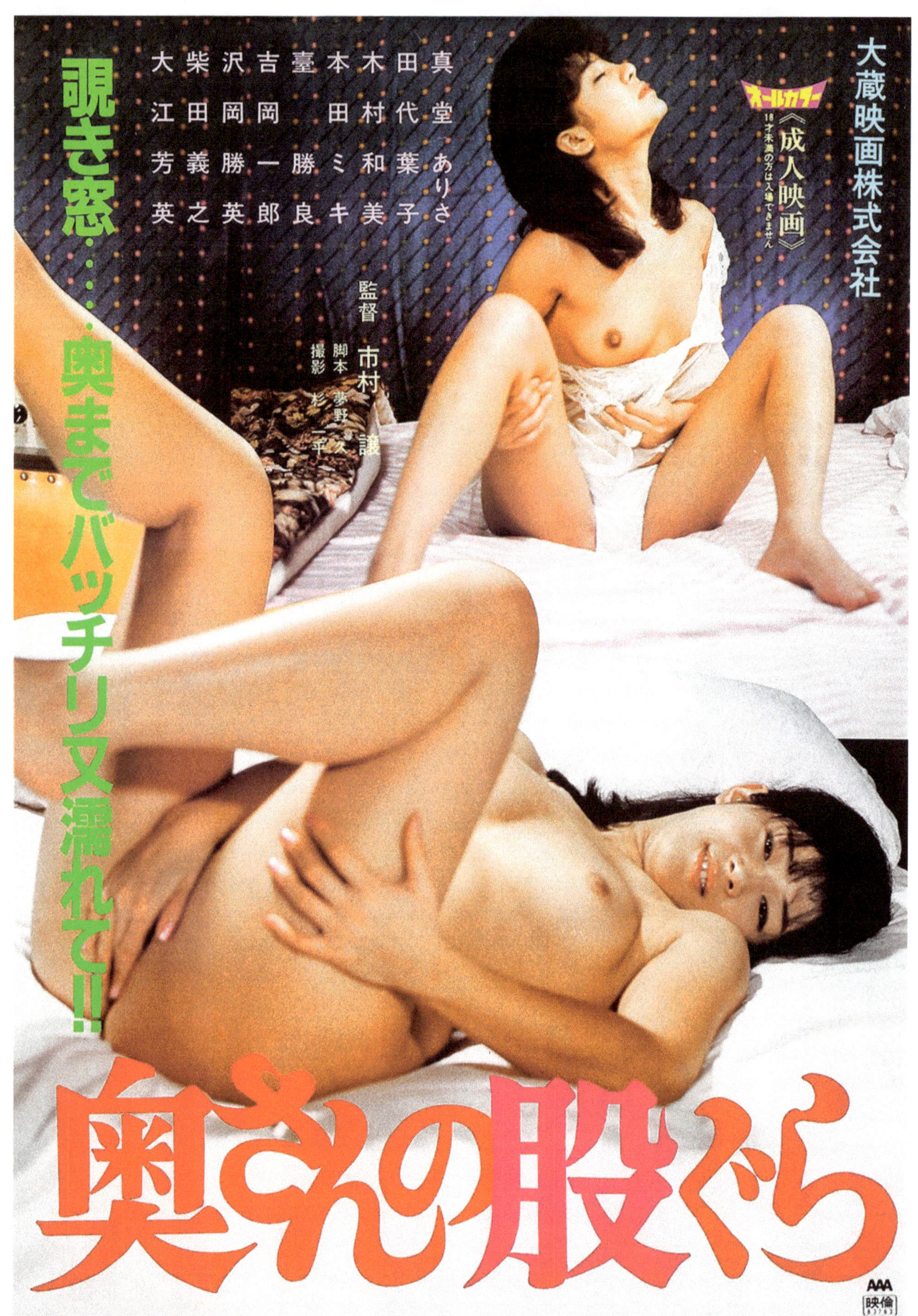

OJOSAN NO MATAGURA

(1983)

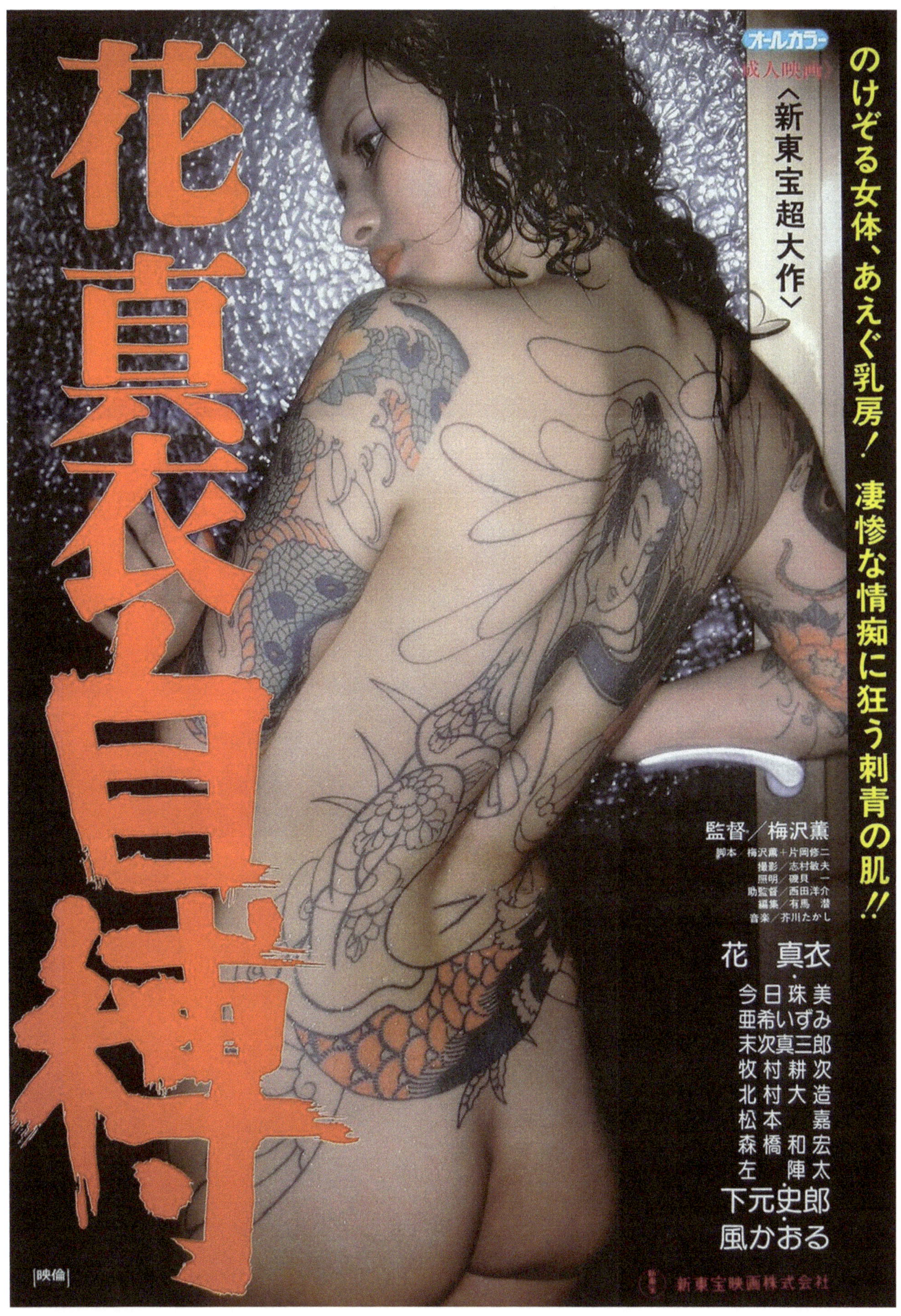

HANA MAI JIBAKU

(1983)

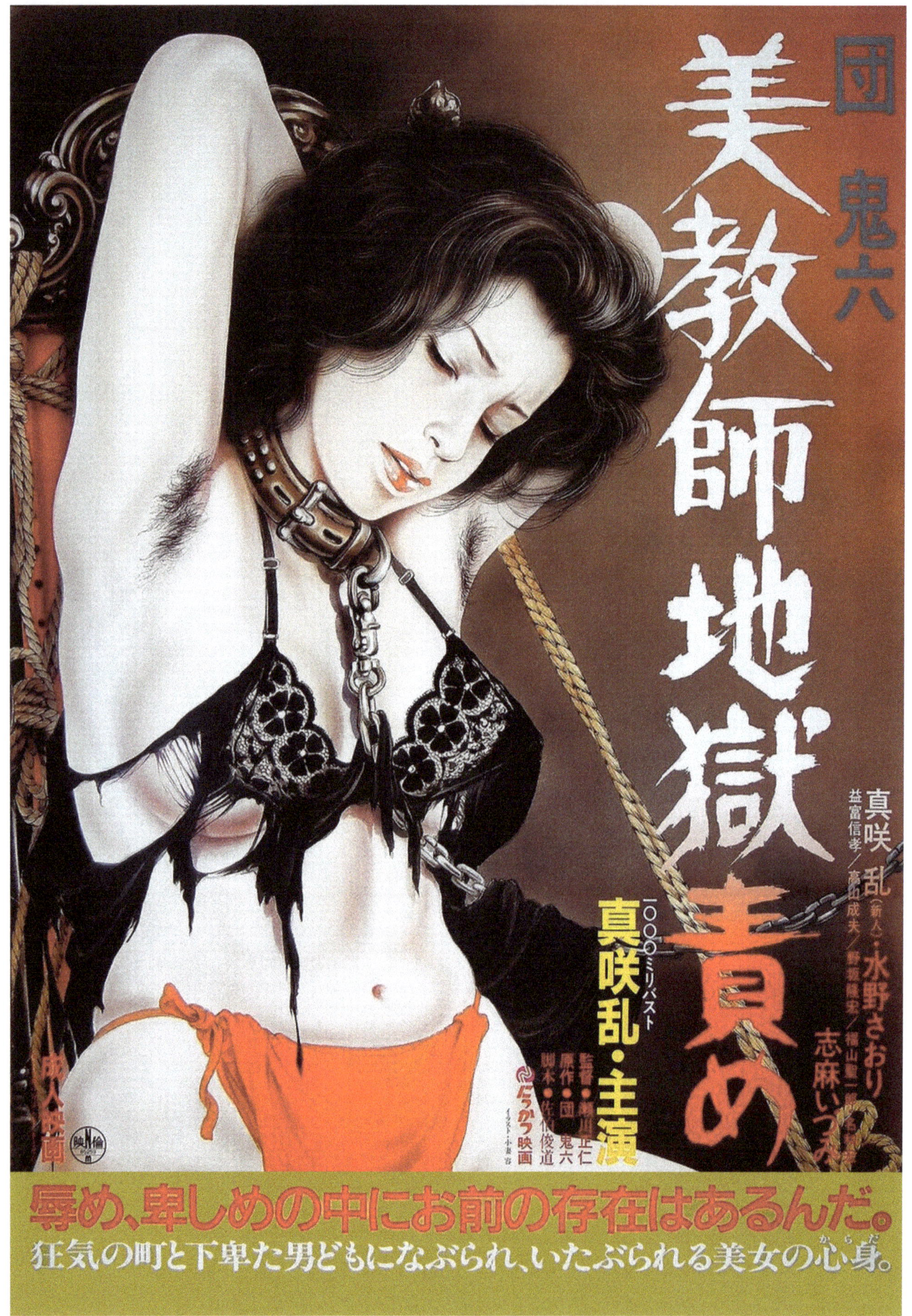

DAN ONIROKU BIKOSHI JIGOKU-ZEME

(1985)

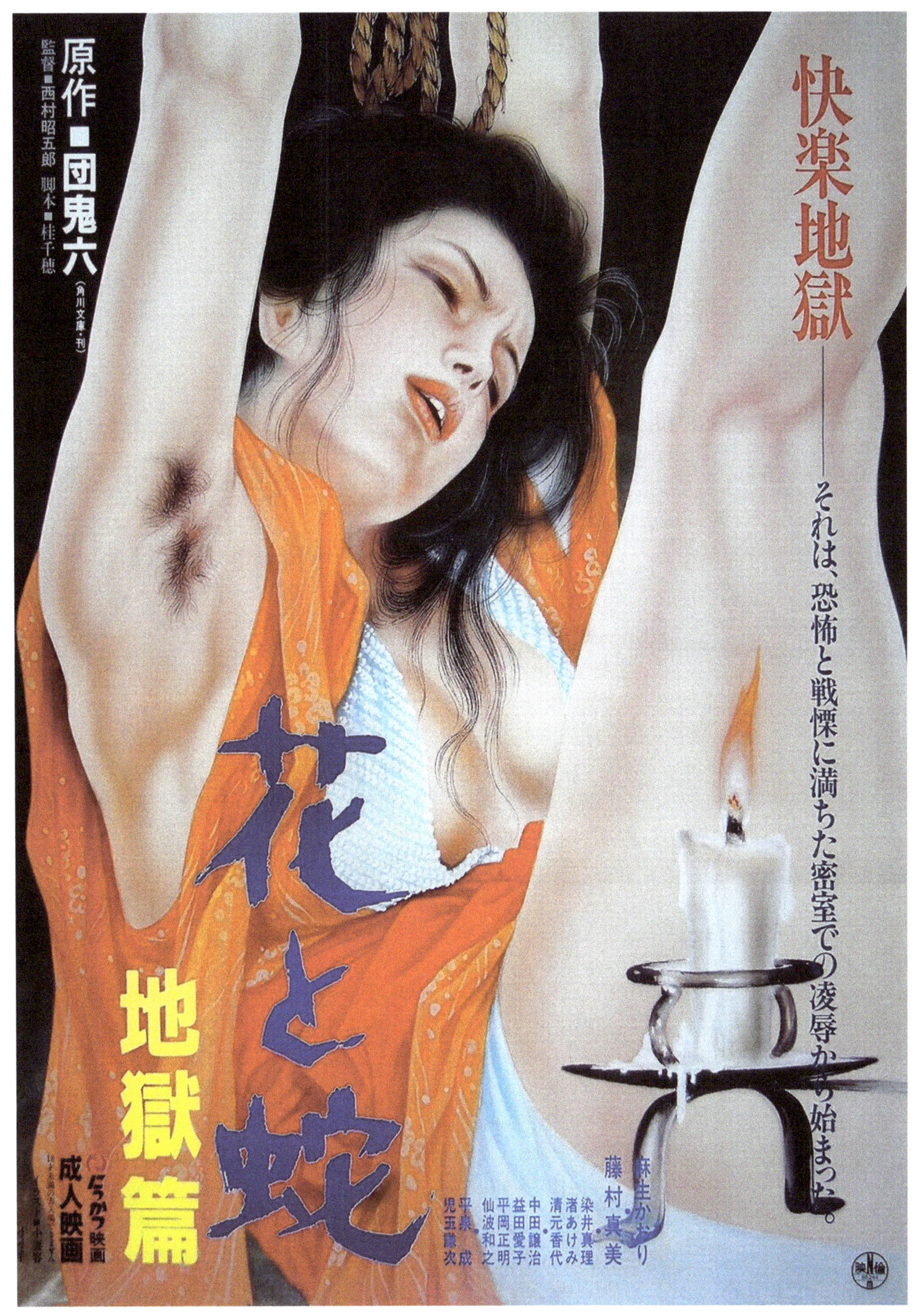
快楽地獄——

それは、恐怖と戦慄に満ちた密室での凌辱から始まった。

原作■団鬼六
〔角川文庫・刊〕

監督■西村昭五郎　脚本■桂千穂

花と蛇
地獄篇

にっかつ映画
成人映画

麻生かおり
藤村真美
染井真理
渚あけみ
清元香代
中田譲治
益田愛子
平岡正明
仙波和之
平泉成
児玉謙次

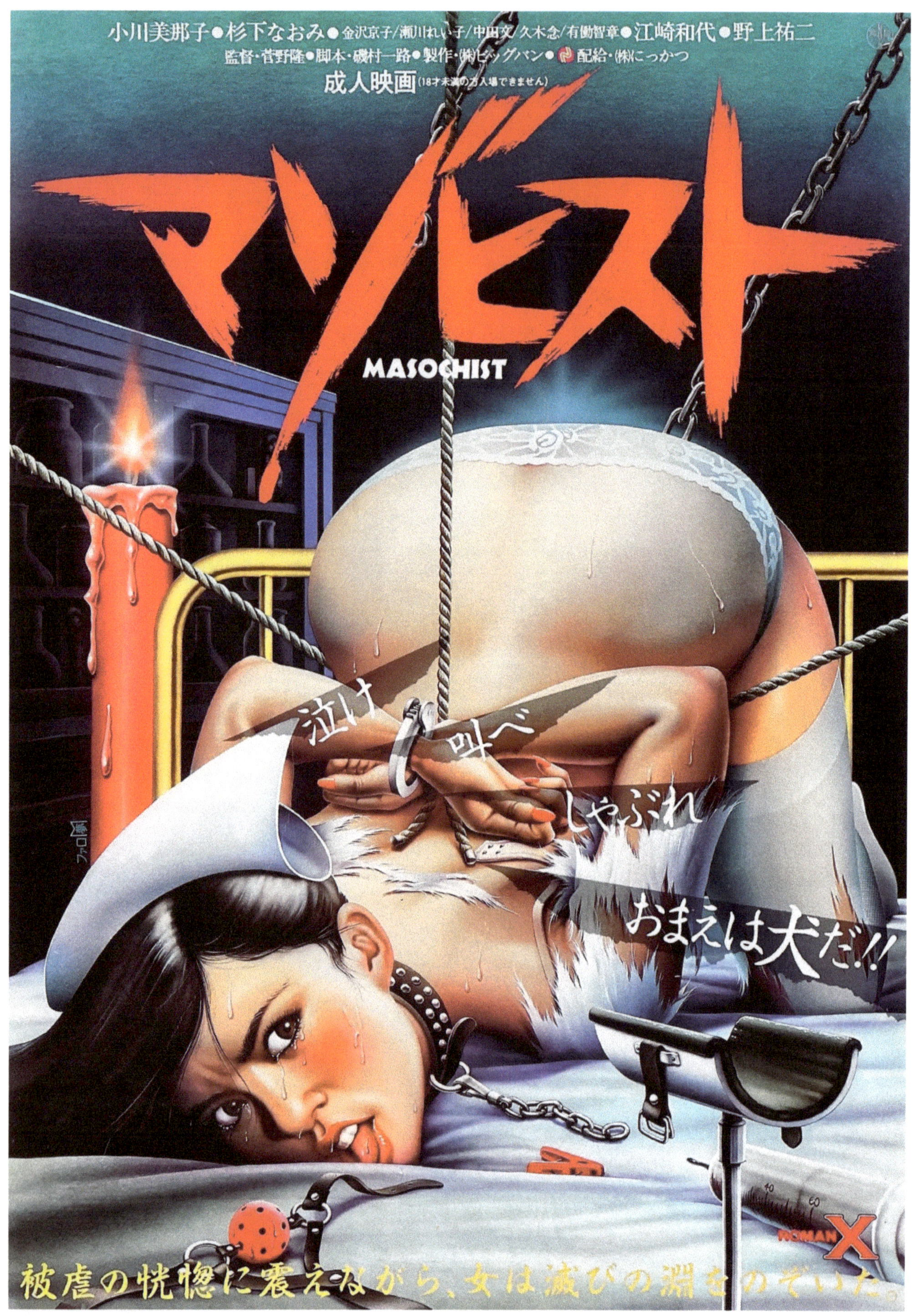

MAZOHISUTO

(1985)

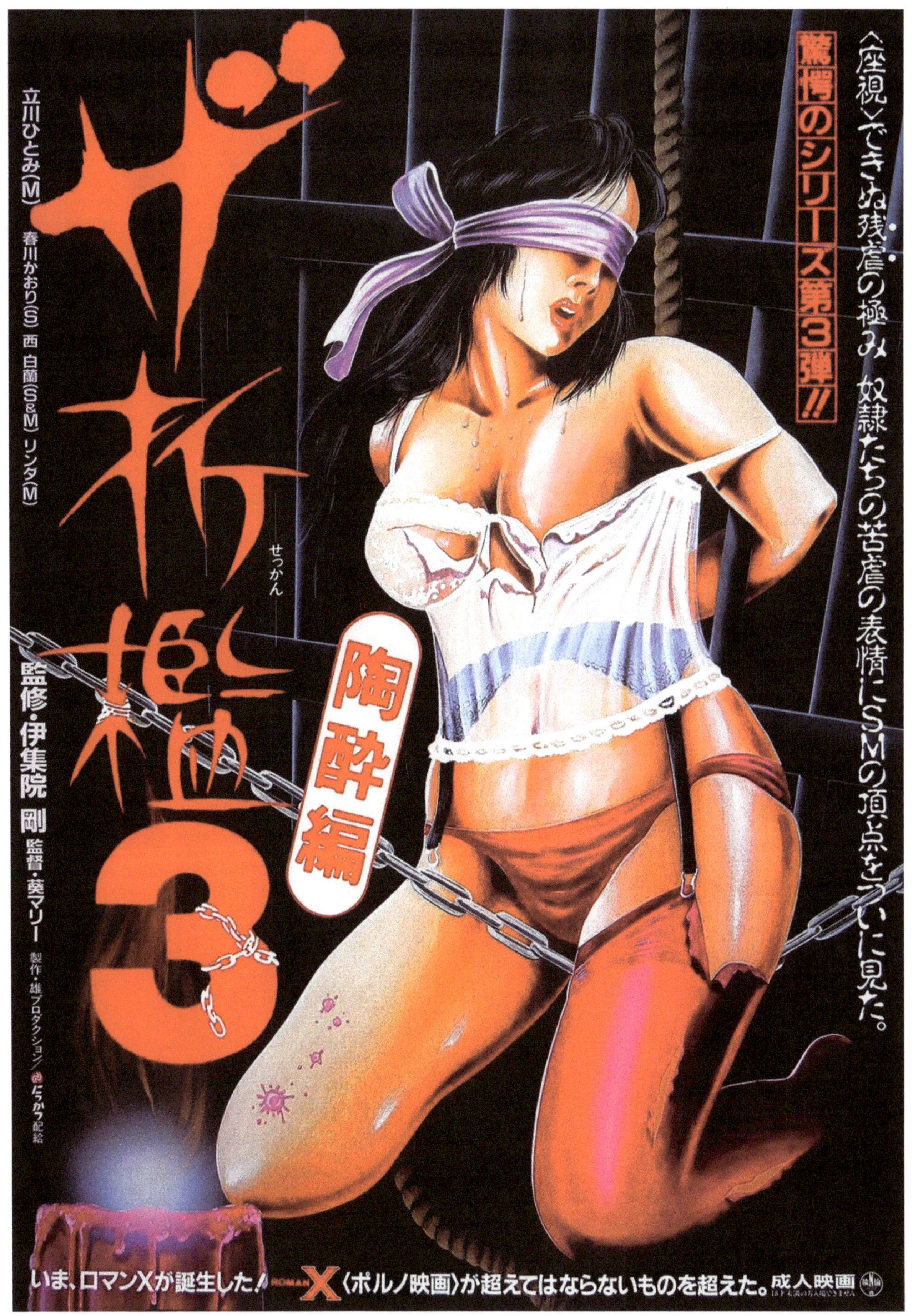
驚愕のシリーズ第3弾!!
〈座視〉できぬ残虐の極み 奴隷たちの苦濫の表情にＳＭの頂点をついに見た。
ザ折檻
せっかん
陶酔編
3
立川ひとみ（Ｍ）
春川かおり（Ｓ）　西 白蘭（Ｓ＆Ｍ）　リンダ（Ｍ）
監修・伊集院 剛　監督・葵マリー
製作・雄プロダクション
だらかつ配給
いま、ロマンＸが誕生した！　ＲＯＭＡＮ Ｘ　〈ポルノ映画〉が超えてはならないものを超えた。成人映画

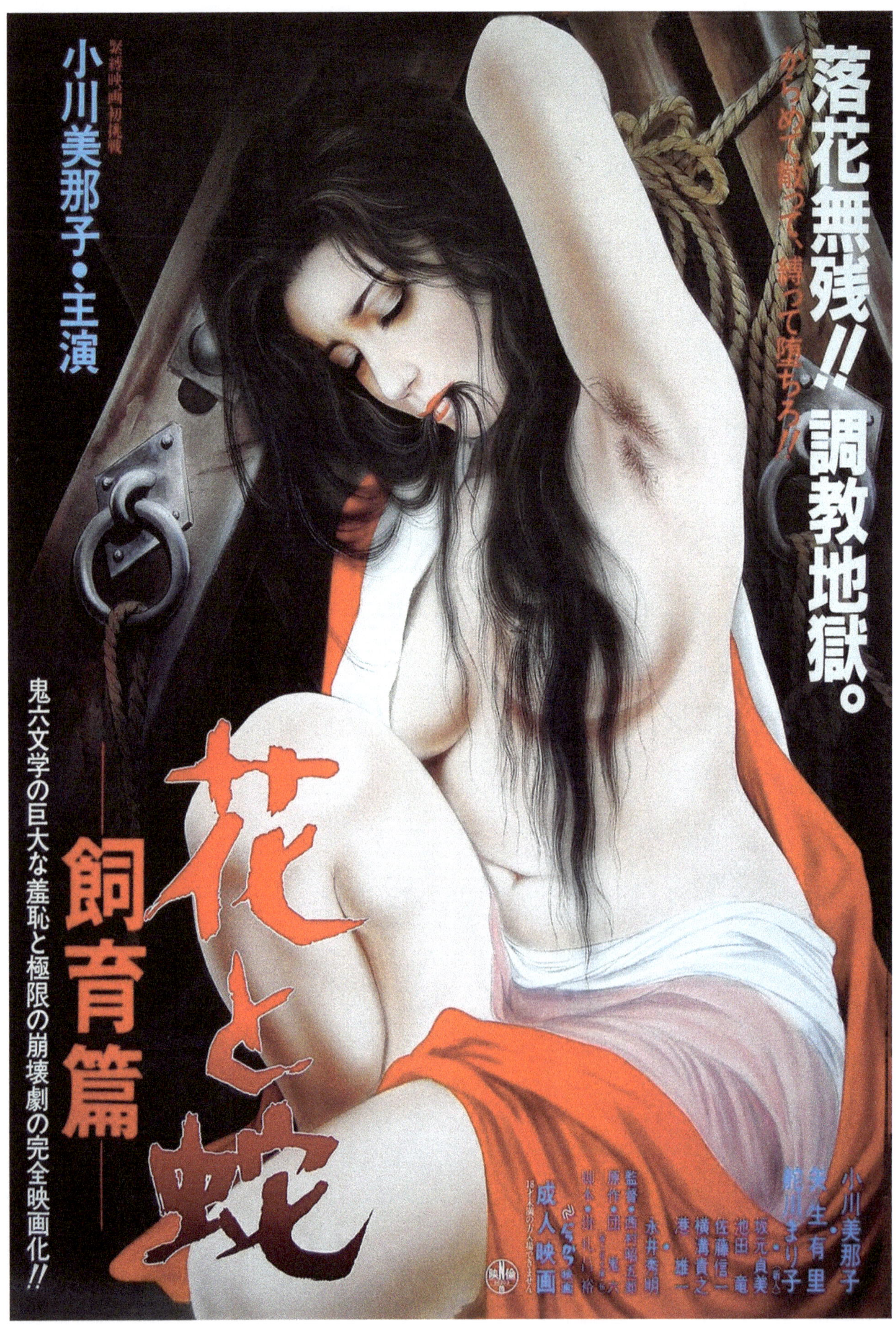

HANA TO HEBI SHIIKU-HEN

(1986)

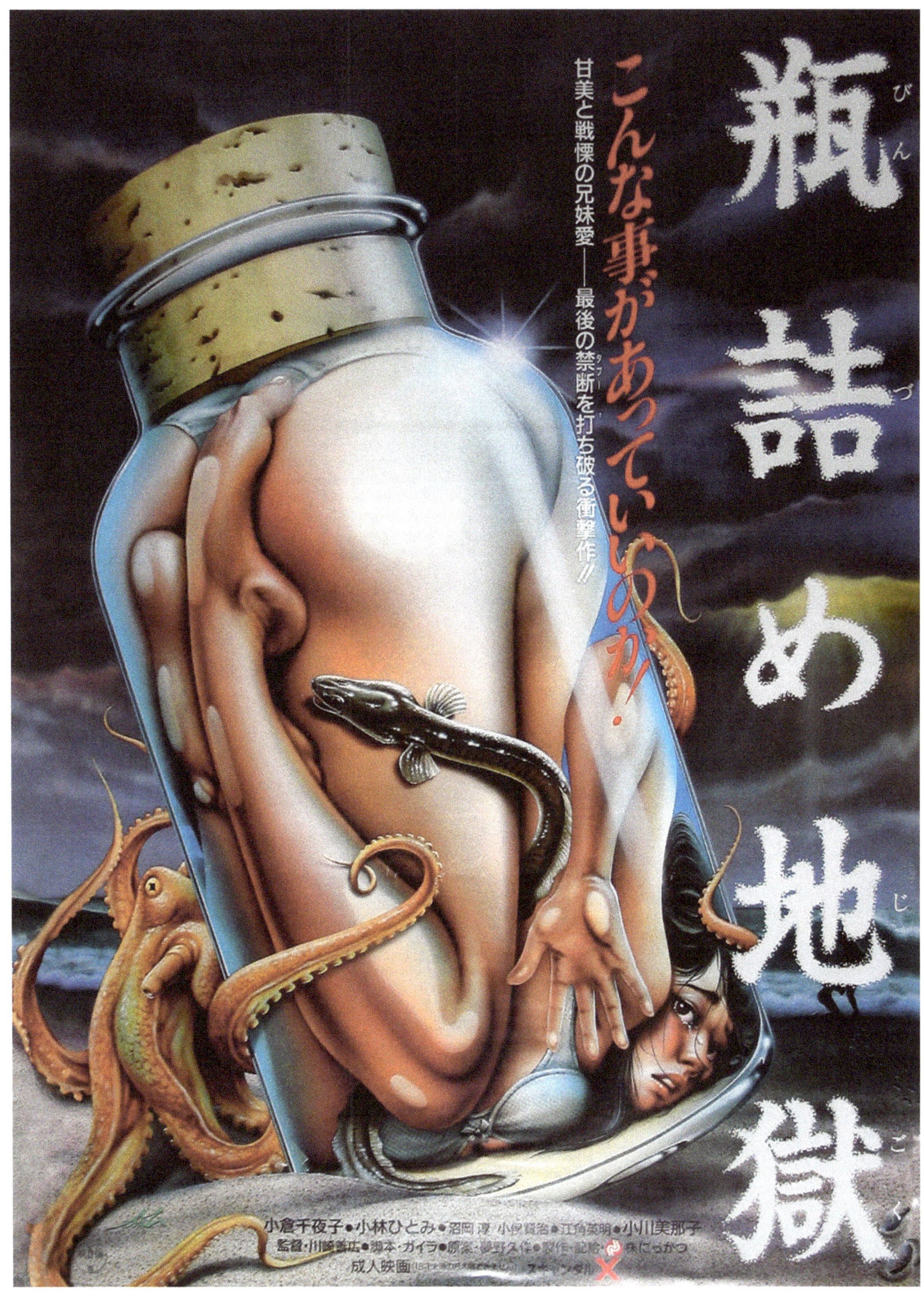
瓶詰め地獄
こんな事があっていいのか！
甘美と戦慄の兄妹愛——最後の禁断を打ち破る衝撃作!!
小倉千夜子●小林ひとみ●沼岡淳●小俣賢治●江角英明●小川美那子
監督・川崎善広●脚本・ガイラ●原作・夢野久作●製作・記録●日活
成人映画

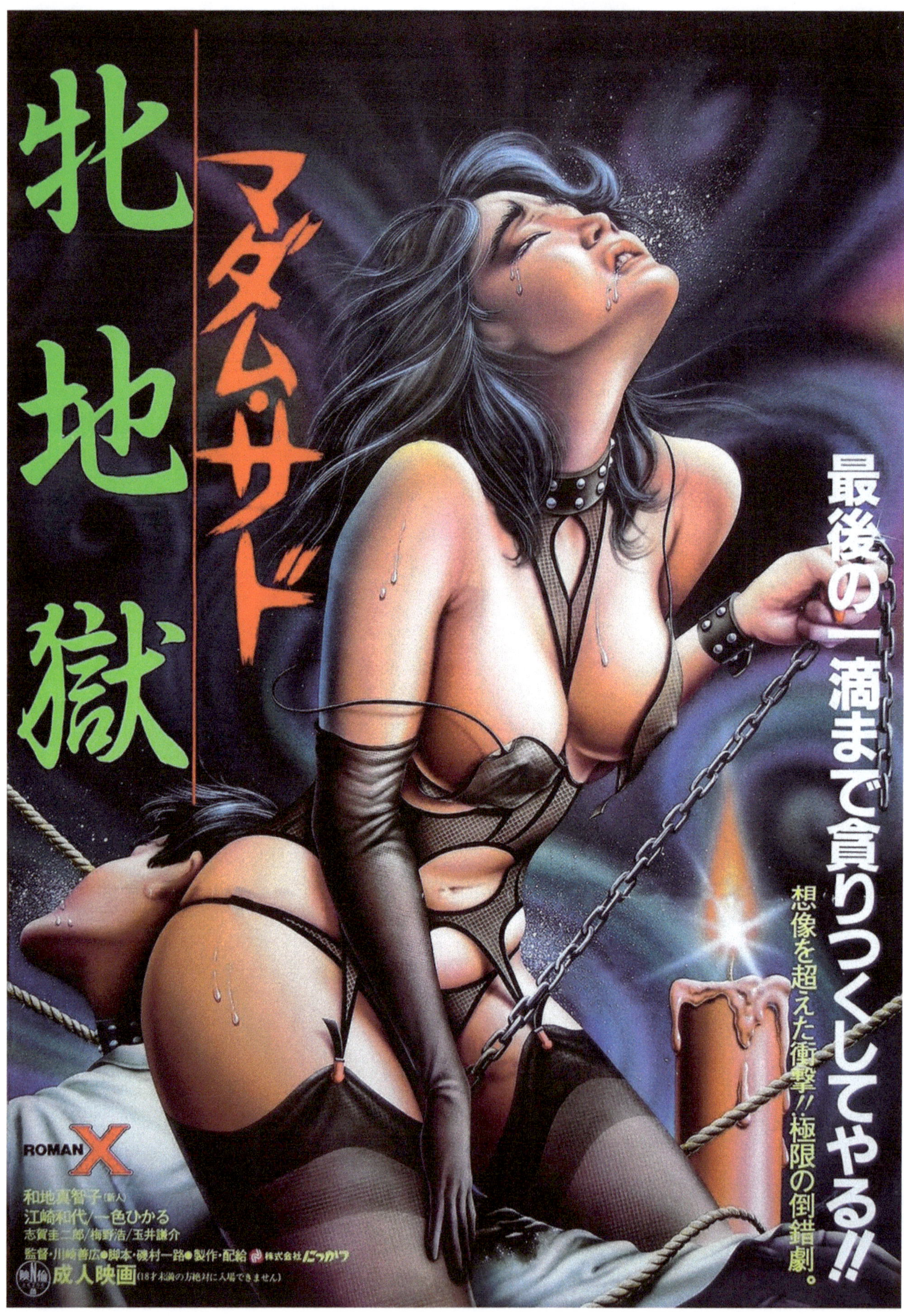

MADAMU SADO MESU JIGOKU
(1986)

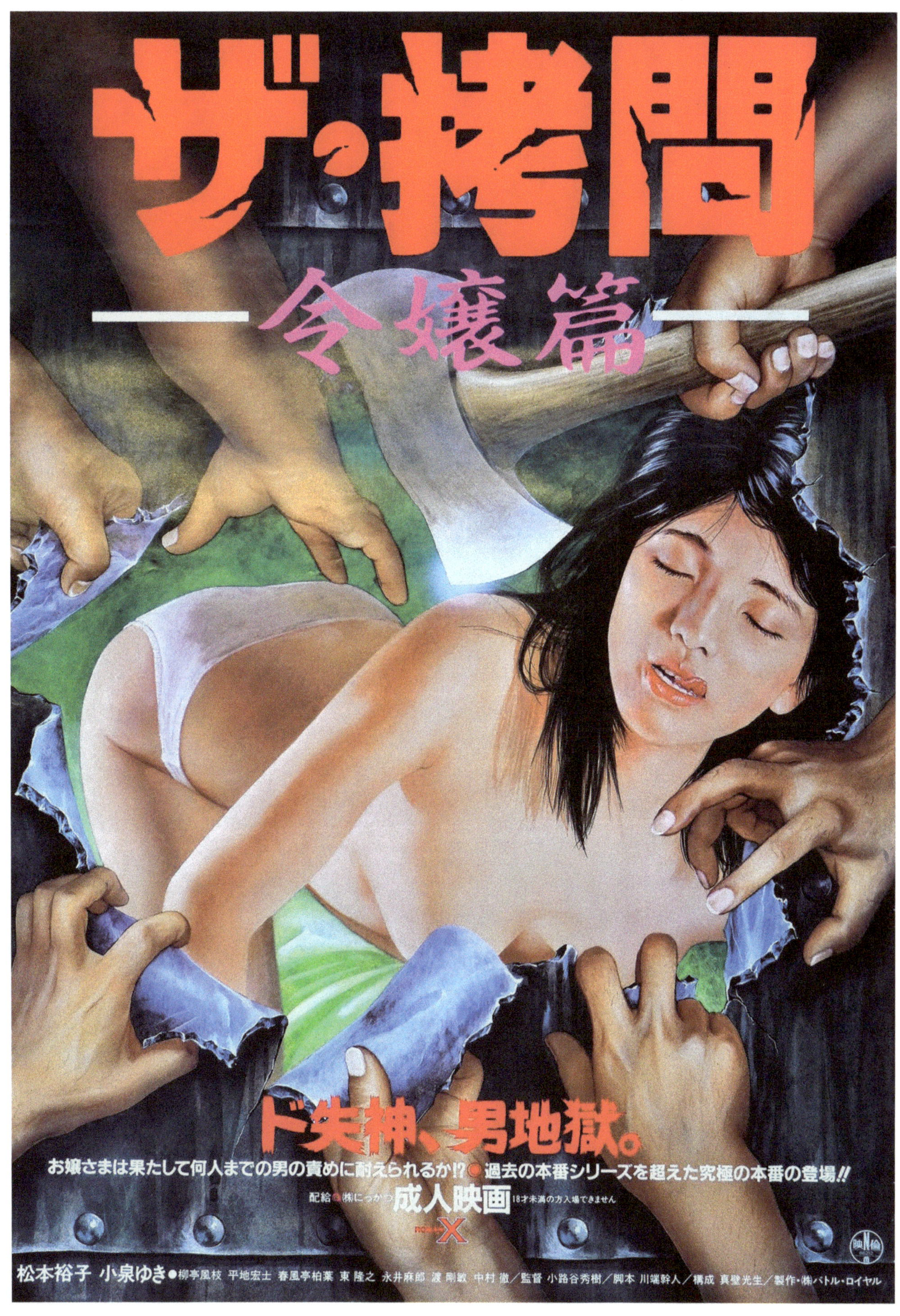

ZA GOMON REIJO-HEN
(19??)

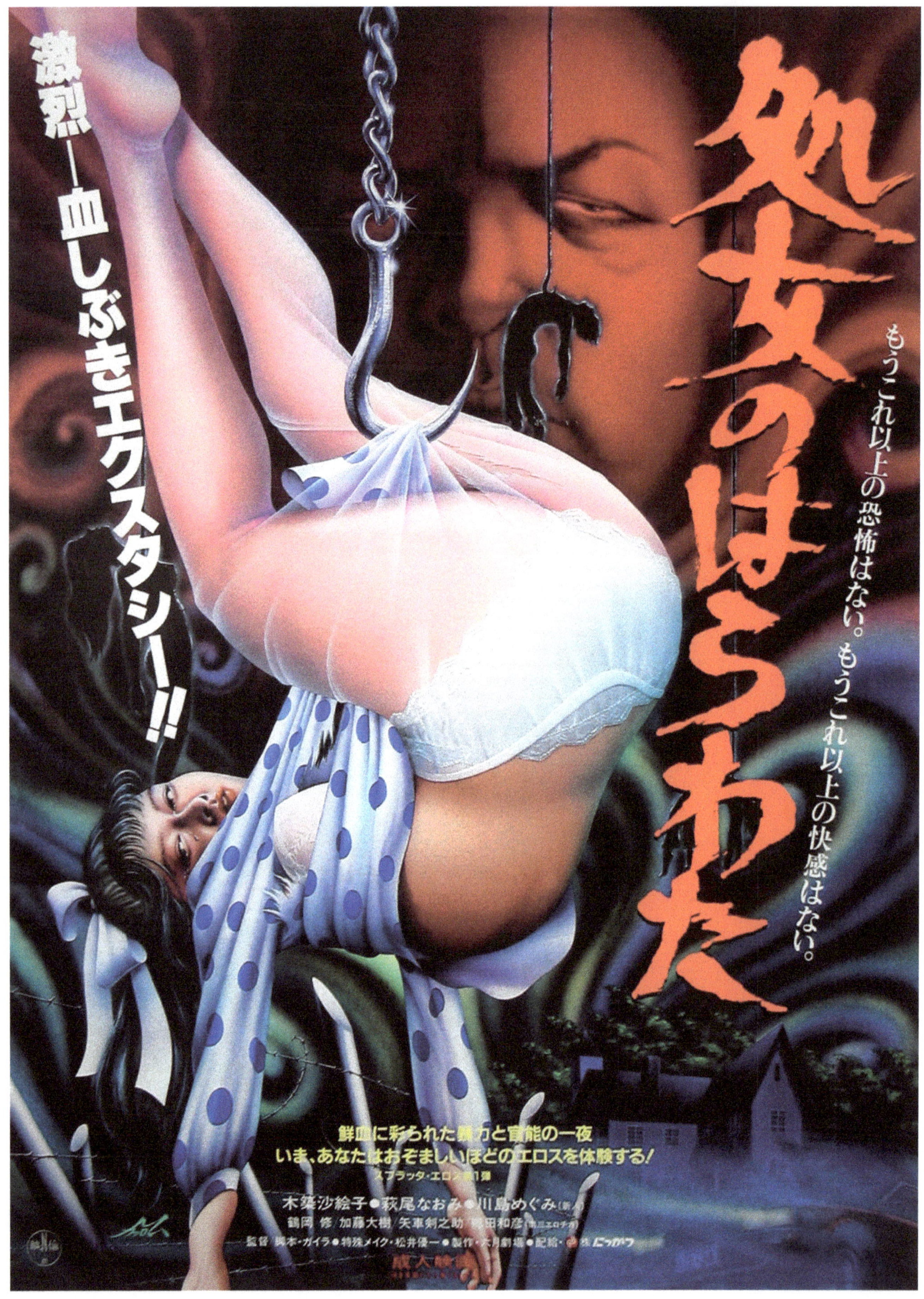

SHOJO NO HARAWATA

(1986)

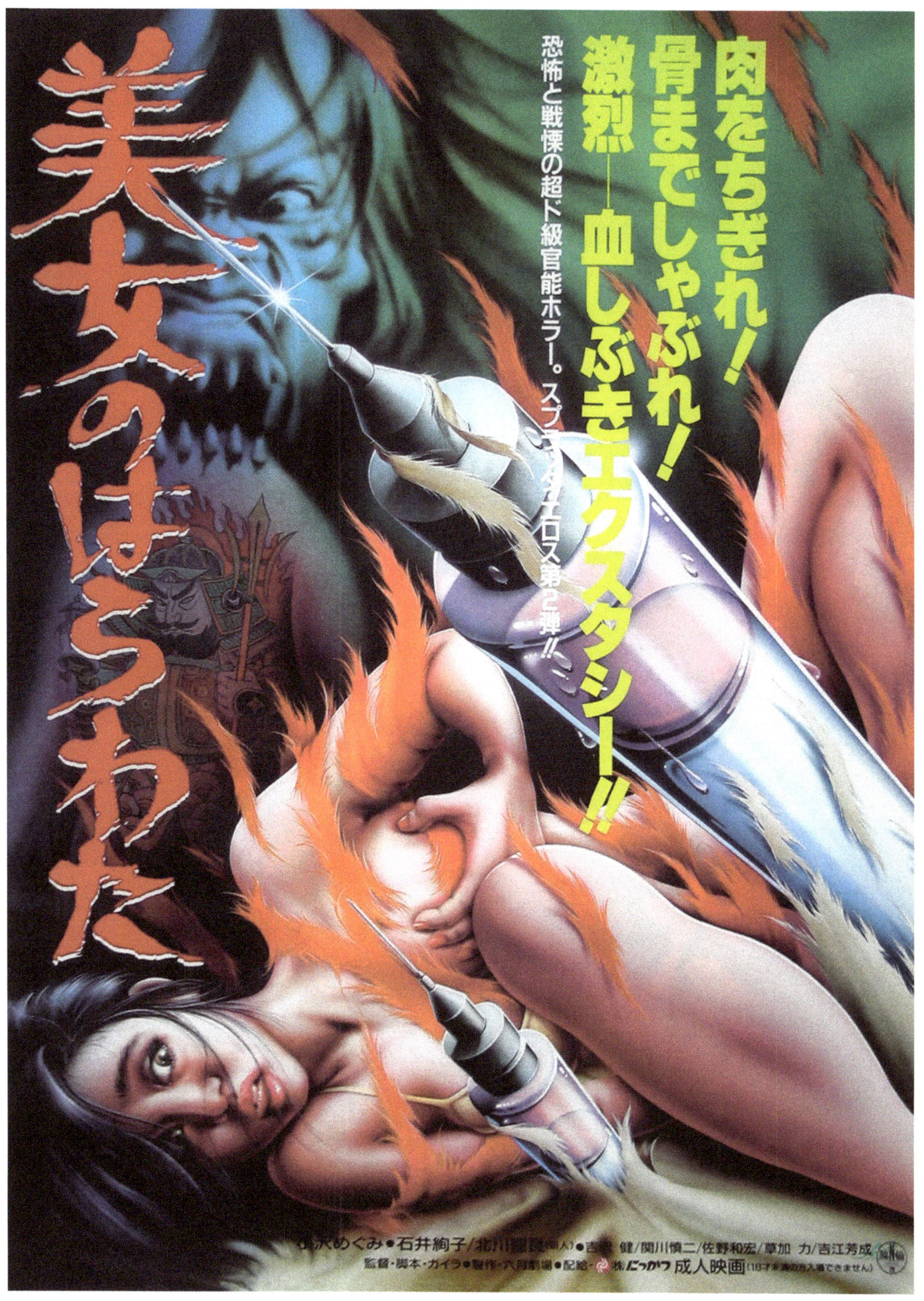

BIJO NO HARAWATA
(1986)

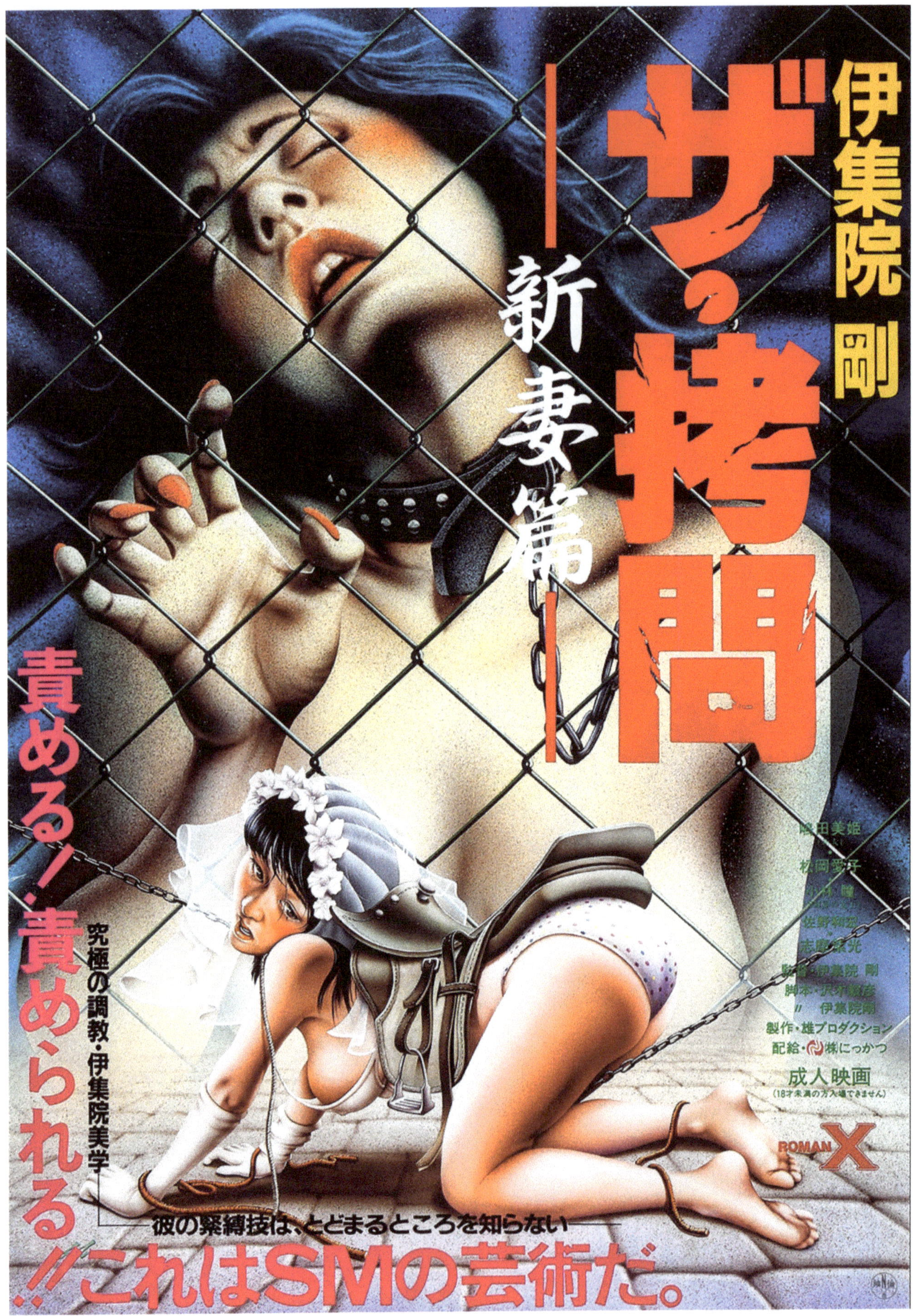

ZA GOMON NIDZUMA-HEN

(1986)

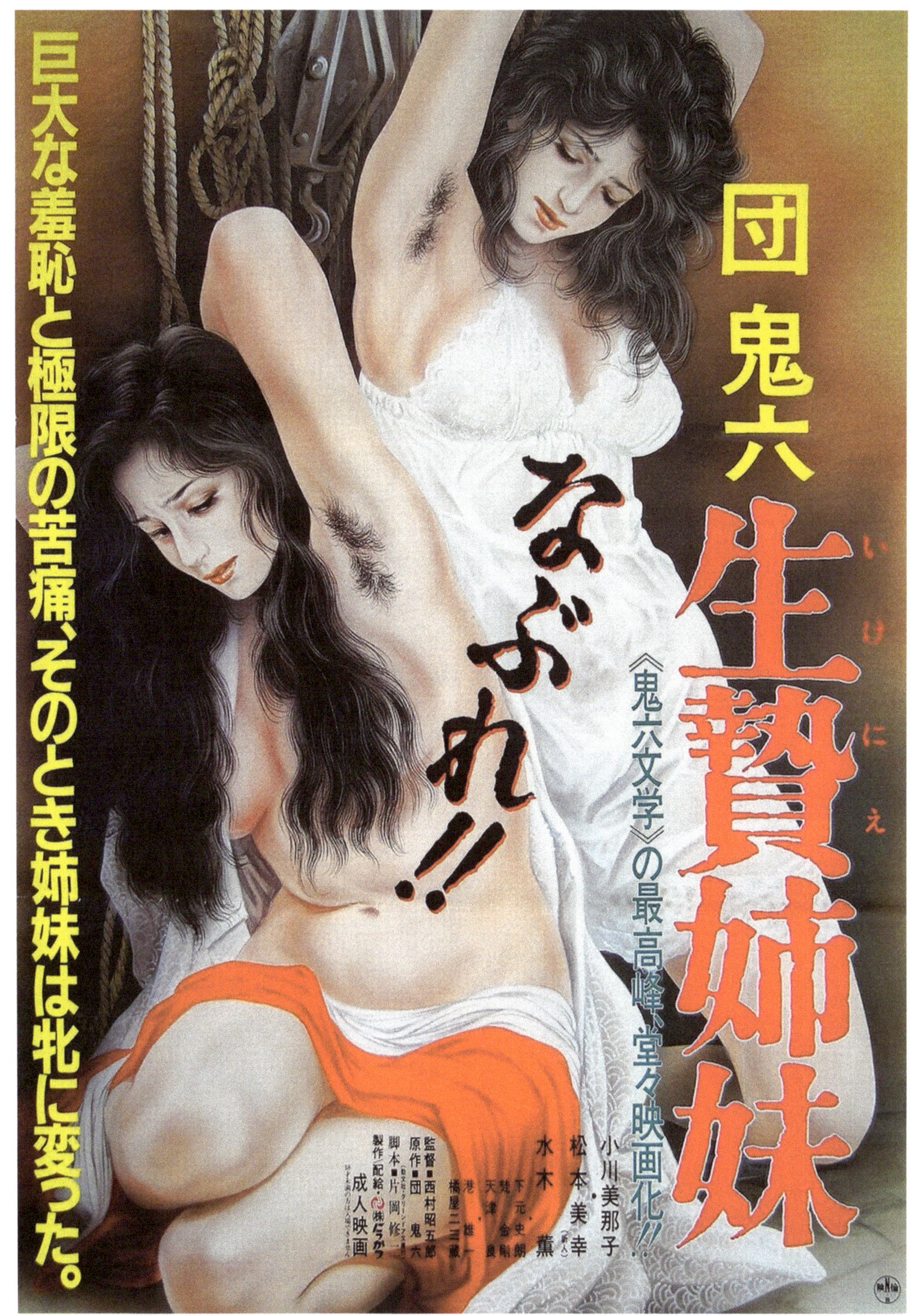

DAN ONIROKU IKENIE SHIMAI
(1987)

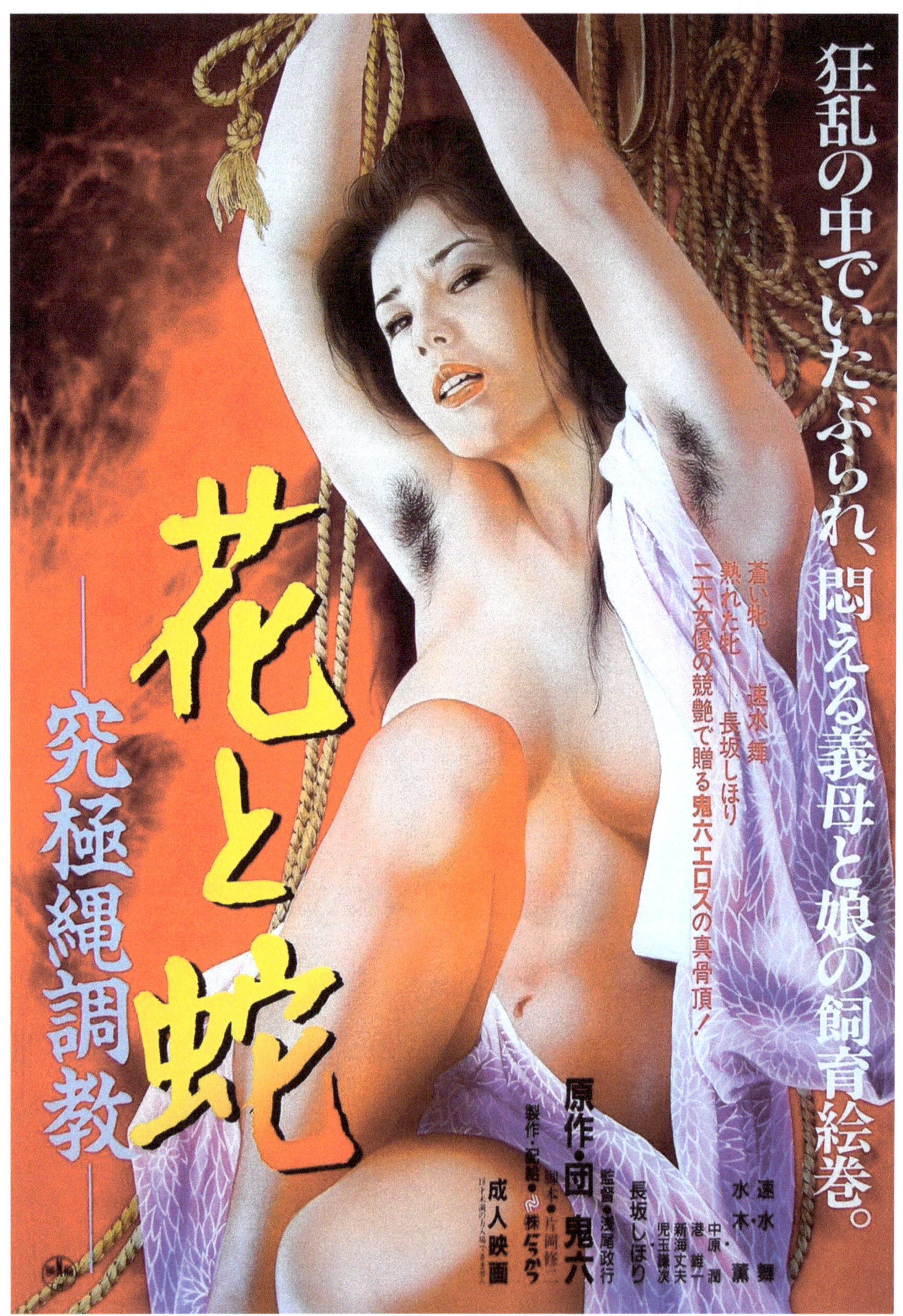

HANA TO HEBI KYUKYOKU

(1987)

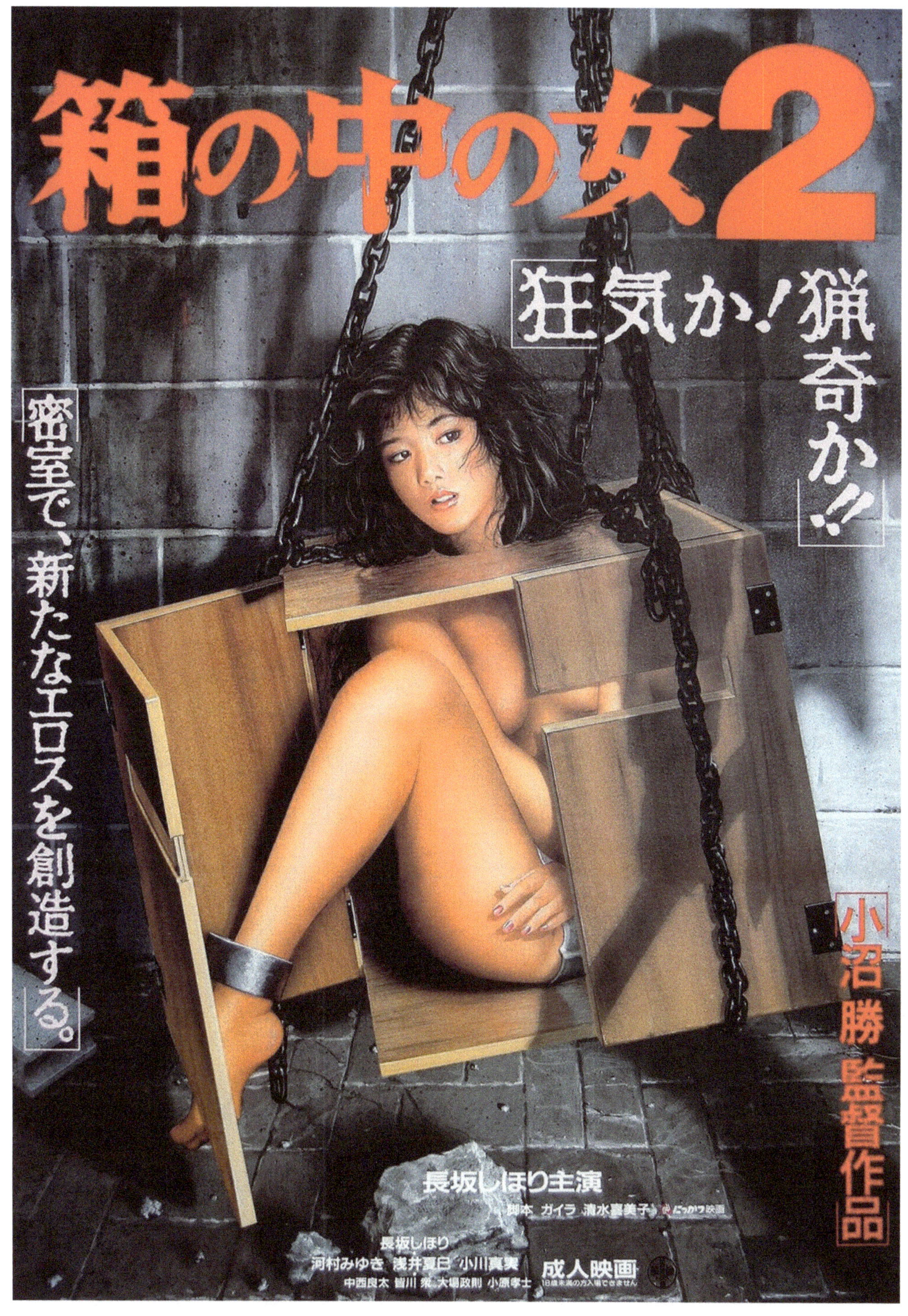

箱の中の女2
狂気か！猟奇か！！
密室で、新たなエロスを創造する。
小沼勝監督作品
長坂しほり主演
脚本 ガイラ 清水喜美子 にっかつ映画
長坂しほり
河村みゆき 浅井夏日 小川真実
中西良太 皆川洸 大場政則 小原孝士
成人映画
18歳未満の方入場できません

HAKO NO NAKA ON ONNA 2
(1988)

ILLUSTRATED FILM BOOKS FROM KAGAMI JIGOKU KOBAYASHI

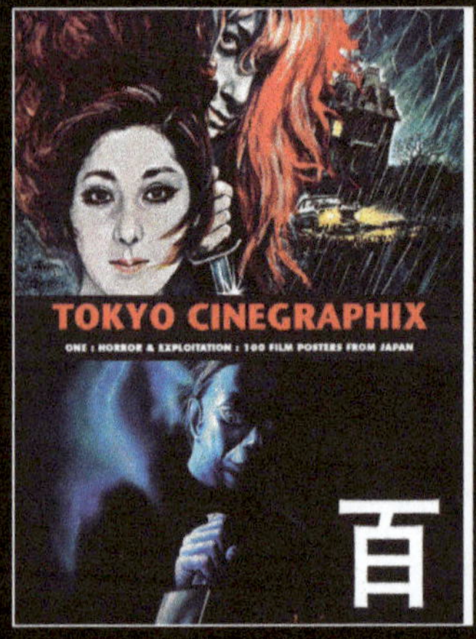

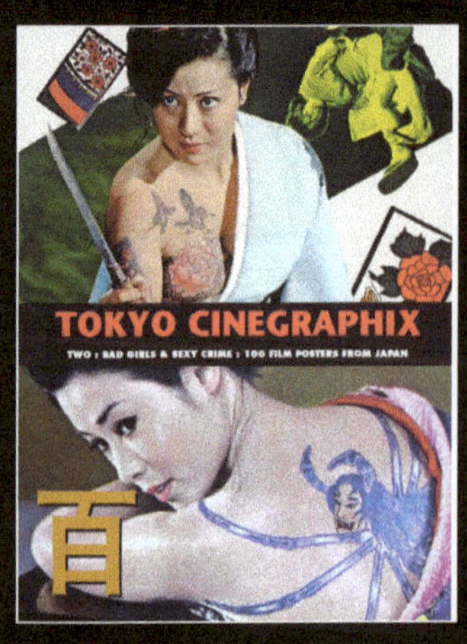

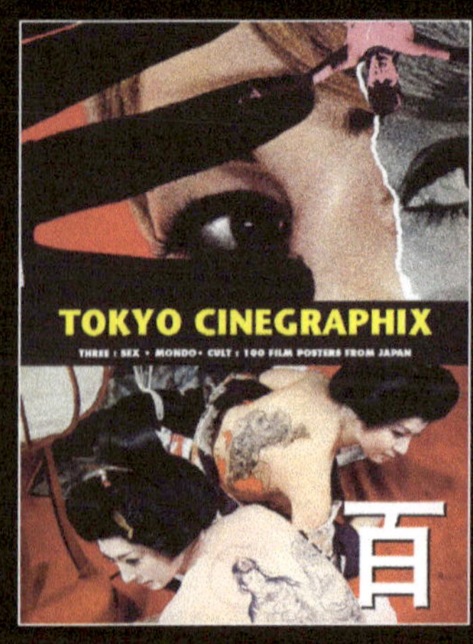

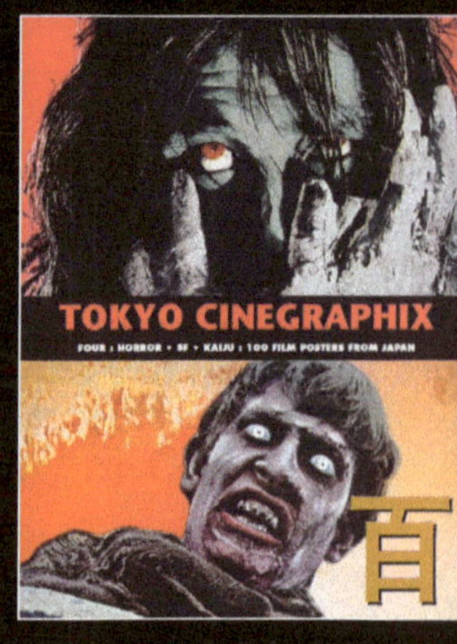

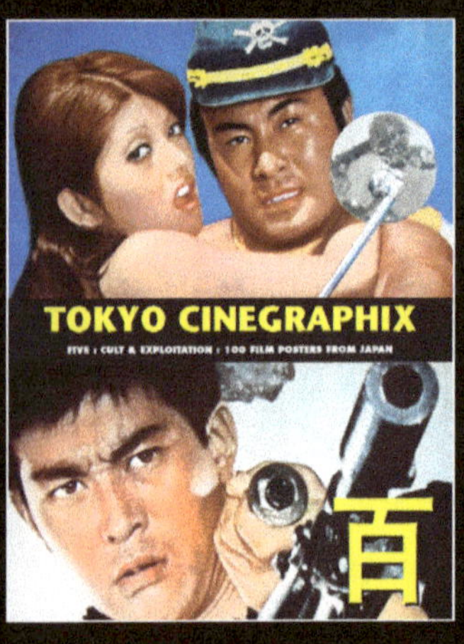

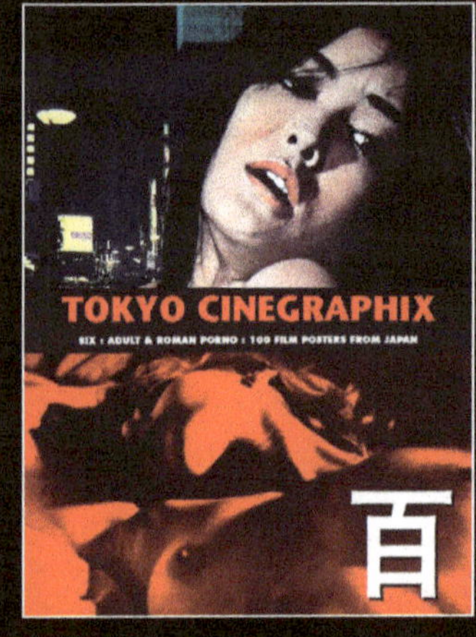

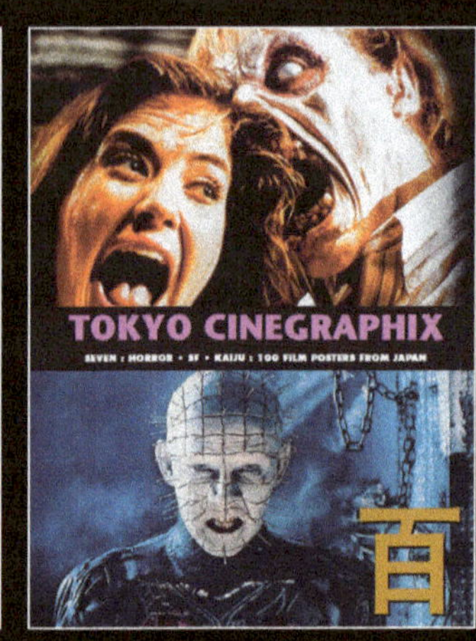

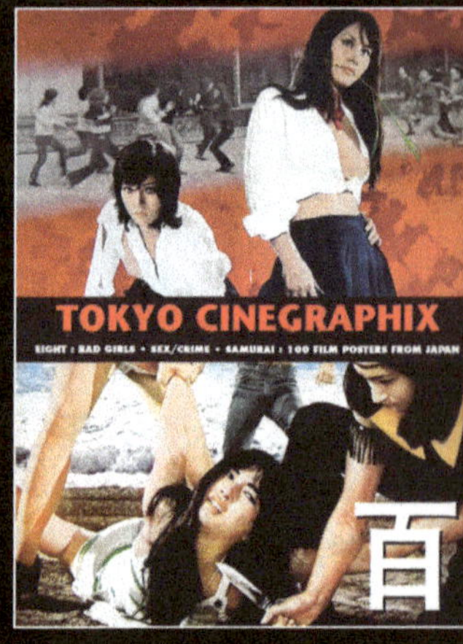

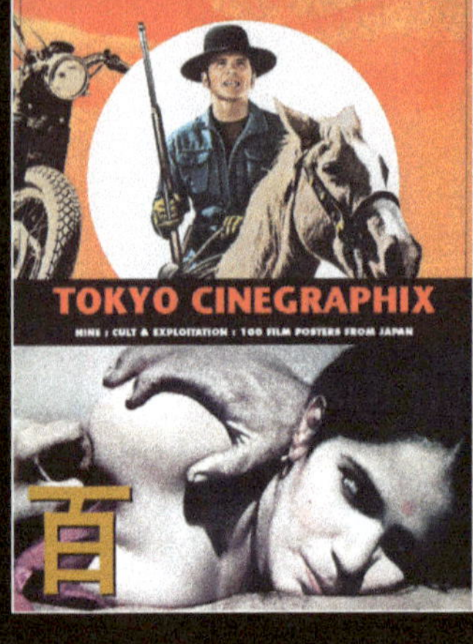

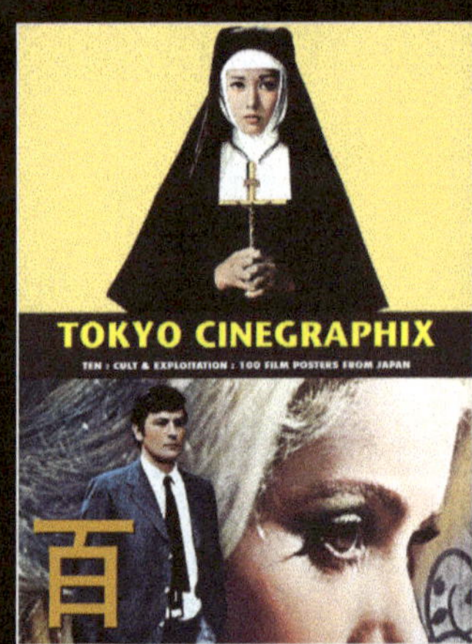

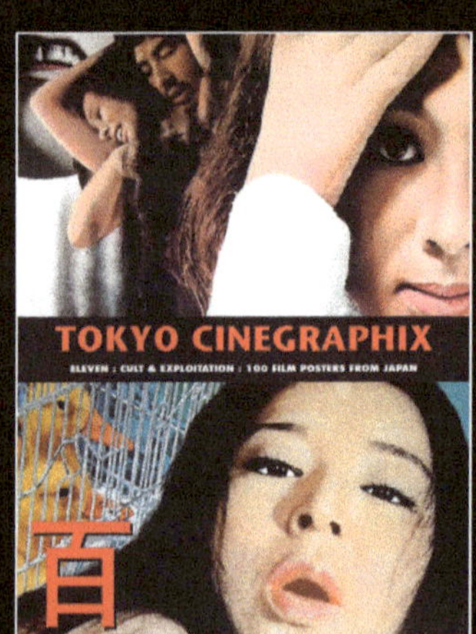

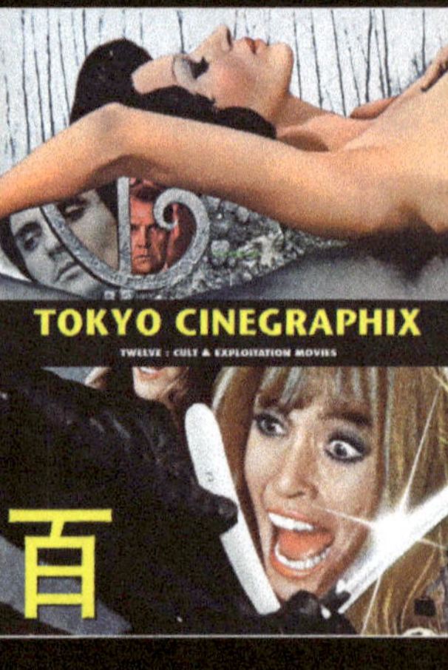

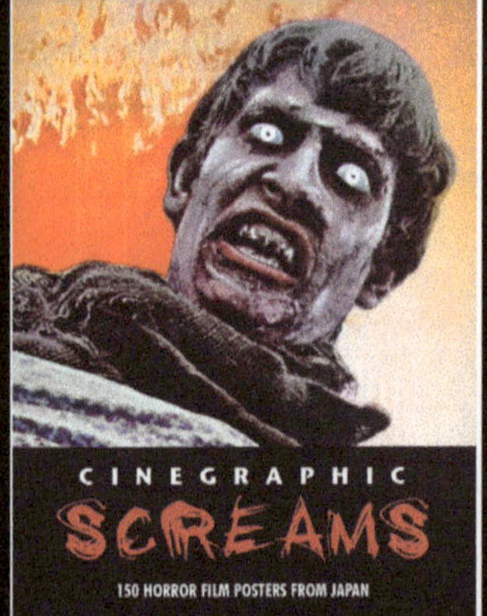

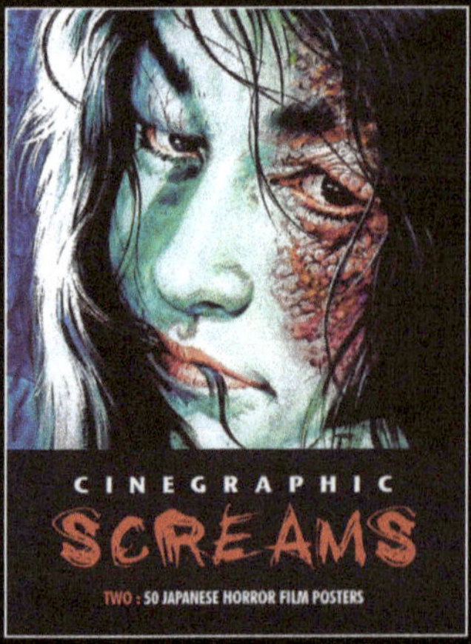

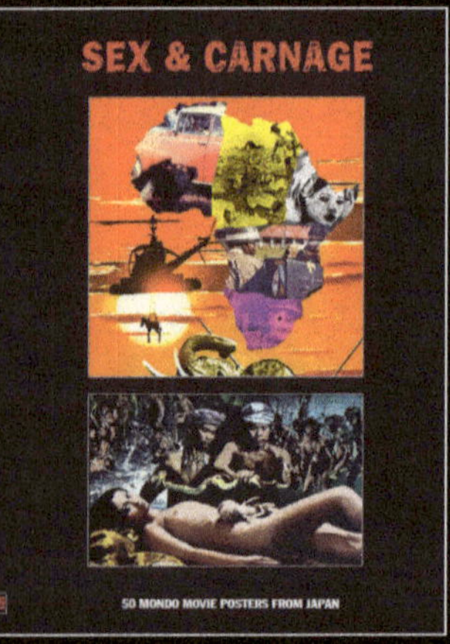

www.ingramcontent.com/pod-product-compliance
Lightning Source LLC
Chambersburg PA
CBHW041035050726
47599CB00018B/1968